LES

Deux Dernières Journées

DE L'EMPIRE

à la Préfecture des Bouches-du-Rhône

PAR

J. A. VOLCY-BOZE

« Je crois volontiers les histoires
« dont les témoins se font égorger. »
PASCAL
(Pensées Chrétiennes n·72)

MARSEILLE

IMPRIMERIE PHOCÉENNE

Rue Villeneuve, 9 A

1900

LES
DEUX DERNIÈRES JOURNÉES
DE L'EMPIRE
à la Préfecture des Bouches-du-Rhône

LES
Deux Dernières Journées
DE L'EMPIRE
à la Préfecture des Bouches-du-Rhône

PAR

J. A. VOLCY-BOZE

« Je crois volontiers les histoires
« dont les témoins se font égorger. »

PASCAL
(Pensées Chrétiennes n° 72)

MARSEILLE
IMPRIMERIE PHOCÉENNE
Rue Villeneuve, 9 ᴬ

1900

A

MON CAMARADE ET AMI

ALPHONSE LEVERT

Né à SENS, (Yonne), le 19 juin 1825

Ex-Préfet des Bouches-du-Rhône

*Commandeur de l'Ordre Impérial
de la Légion d'Honneur
Officier de l'Ordre Royal de Léopold de Belgique
Officier de l'Instruction Publique
Grand-Croix du Nicham-Iftikar
Grand-Officier du Medjidié
Commandeur de l'Ordre Royal
de Charles III d'Espagne,
etc, etc.*

A

GENÈVE, (Suisse)

RÉSUMÉ BIOGRAPHIQUE

D'ALPHONSE LEVERT

DANS L'ADMINISTRATION IMPÉRIALE

Né à Sens, (Yonne).	19 juin 1825
Bachelier ès lettres.	18 février 1845
— en droit	20 avril 1847
Licencié en droit . . . . , . .	20 juillet 1848
Conseiller de Préfecture à Agen . .	10 octobre 1850
— — à Arras . .	15 octobre 1850
Sous-Préfet à Saint-Omer. . . .	6 décembre 1851
Chevalier de la Légion d'honneur . .	12 août 1853
Sous-Préfet de Valenciennes. . .	17 décembre 1856
Préfet de l'Ardèche	27 juillet 1857
Officier de Léopold de Belgique. . .	20 août 1857
Préfet d'Alger.	20 septembre 1859
Officier de la Légion d'honneur. .	18 septembre 1860
Grand-Officier du Nicham. . . .	20 septembre 1860
Préfet de la Vienne	14 décembre 1860
Officier de l'Instruction publique . .	3 juin 1862
Préfet du Pas-de-Calais . . .	11 mars 1864
Préfet de la Loire	1er mars 1866
Préfet des Bouches-du-Rhône . . .	28 décembre 1866
Commandeur de la Légion d'Honneur	15 août 1867
Grand-Croix du Nicham	13 mai 1869
Grand-Officier du Medjidié . . .	13 mai 1869
Commandeur de Charles III . .	21 février 1870
Député du Pas-de-Calais	7 janvier 1872
Décédé à Paris	6 avril 1899

CHER CAMARADE ET AMI.

Cette histoire vous est dédiée.

Je vous l'envoie.

Elevés tous deux dans le même collège, tous deux nous y avons puisé cette fraternité et cette solidarité qui lient, à tout jamais, les écoliers dont une partie de leur enfance s'est écoulée sur les mêmes bancs de notre vieille maison de Sainte-Barbe, fondée en 1430 près le Panthéon.

Notre digne président, l'honorable camarade Jolly, dans son discours du 10 mai 1866, à la « Réserve », a dit à ses camarades des Bouches-du-Rhône, réunis pour la première fois :

« La fraternité ! ce mot si saint, si touchant, qu'une sorte de désuétude et d'effroi avait fait tomber parmi ceux des langues mortes, a

toujours eu cours chez les Barbistes. C'est mieux qu'une devise :
c'est une vertu toute pratique, leur
coûtant peu, tant elle est ancienne
et naturelle. »

A la distribution des prix, dont
vous étiez le président, en 1860,
vous prononçâtes ces paroles que
j ai souvent méditées et qui, depuis
lors, sont restées gravées dans ma
mémoire et dans mon cœur :

« Sainte - Barbe n'est - elle pas
avant tout une famille ? Pour ceux
qui y ont passé, pour vous qui y
sucez le lait de la vraie science,
n'est-elle pas avant tout une famille
dont tous les membres sont unis
par les liens d'une vive et intelli-
gente solidarité, avant, pendant et
après ?

« Avant ! par la prévoyance des
Anciens :

« Pendant ! par votre jeunesse
native :

« Après ! par la génération qui
personnifie l'avenir.

« Or, vous savez tous ce que signifie la solidarité.

« C'est la grande loi qui régit les
sociétés modernes. Qui dit solidarité dit, en même temps, respect et
tendresse du fils pour le père et la

mère bien-aimés : reconnaissance de l'élève pour la maison bénie où grandit son âme et se forma son cœur : affection fraternelle des compagnons d'armes, je veux dire des compagnons d'études pour l'ami du collège, aussi sérieuse et profonde que celle du soldat pour le soldat quand ils ont bivouaqué et combattu ensemble.

« Solidarité signifie encore dévouement de tous à la patrie, assistance du riche au pauvre, du fort au faible, de la grande Nation aux nations endolories, du peuple viril aux peuples souffrants.

« En un mot, la solidarité c'est le christianisme en action, fécondant toutes les œuvres, donnant un but élevé à tous les efforts, à toutes les ambitions, et faisant des hommes à tous les degrés de l'échelle sociale.

« De tout temps et en tous lieux, le sentiment de la solidarité, cette bravoure de l'âme et cette lumière de la conscience, a fait les hommes vraiment supérieurs. C'est ce qu'exprimait Bias en disant : « Je porte tout avec moi ».

« Et vous, aussi, mes chers amis, vous portez tout avec vous en emportant de Sainte-Barbe ces doux et vigoureux principes de religion, de morale et de philosophie chrétienne, et vous resterez attachés à cette maison par les liens d'une sympathique réciprocité. Vous serez forts parce que vous ne serez pas isolés et que vous emploierez votre instruction à être par dessus tout bons et utiles. »

C'est avec ces mots de fraternité et de solidarité, qui ont toujours fait vibrer mon cœur de Barbiste, que je me suis présenté à vous le 4 septembre au matin, parce que je pressentais que les jours d'un excellent camarade, d'un bon père de famille, d'un honnête homme enfin pouvaient être menacés.

Veuillez agréer, mon cher camarade et ami, l'assurance de ma confraternité et de mes meilleurs sentiments barbistes.

VOLCY-BOZE.

Marseille, le 1 décembre 1870.

LES

Deux Dernières Journées

DE L'EMPIRE

à la Préfecture des Bouches-du-Rhône

PREMIÈRE JOURNÉE

Dimanche 4 Septembre 1870

Le 3 Septembre au soir, bercée par de douces et consolantes paroles prononcées du haut de la tribune du palais Bourbon par le général de division Cousin-Montauban, comte de Palikao, ministre de la guerre, la France entière s'endormait calme et heureuse, attendant, à son réveil, l'annonce d'une grande victoire sous les murs de Sédan.

Cette victoire devait être glorieuse pour nos armes ; elle devait être aussi le terme de cette lutte sanglante et héroïque, commencée à Saarbruck, continuée à Wissembourg, Wert et Gravelotte.

Le lendemain, 4 Septembre, le soleil était dans toute sa splendeur. J'avais, la veille, formé le projet d'aller passer cette journée du dimanche à la campagne, auprès de mes enfants. Je me faisais une véritable joie en pensant que j'allais leur porter la nouvelle d'une brillante victoire sur les Prussiens.

Je demeure rue Consolat n· 50.

En descendant sur les Allées de Meilhan je rencontre des figures consternées.

Je m'avance vers un groupe qui se tenait non loin de la pittoresque fontaine située au haut de cette magnifique promenade.

Je prête une oreille attentive aux nouvelles que chacun racontait et qu'il disait tenir de source certaine, officielle même :

« Nous sommes vaincus. Weinpfen a capitulé avec quatre-vingt-quinze mille hommes — Les Prussiens nous ont fait cent mille prisonniers — L'Empereur a rendu son épée à Guillaume de Prusse — L'Empereur est prisonnier — Nous avons été trahis !! »

Ne voulant pas ajouter la moindre créance à ces paroles, je cours, l'âme remplie des plus pénibles sensations, aux affiches apposées fraîchement sur les murs de la Faculté des Sciences.

Je parcours rapidement les nouvelles officielles envoyées aux Préfets des départements par le Ministre de l'Intérieur.

Hélas ! tout ce que je venais d'entendre du côté de la fontaine n'était que trop vrai.

Dès ce moment ma résolution fut vite prise.

« Mon poste, dis-je, en parlant à moi-même, est près de mon camarade

Levert. Je tiens à lui prouver que je ne suis pas un de ces amis de la première heure qui n'ont pas honte de vous abandonner quand ils sentent le danger approcher ».

Dans la rue Saint-Ferréol, je rencontre le camarade Jolly. Ainsi que moi, ce digne et excellent homme n'avait que trop tôt, hélas! appris la douloureuse catastrophe de Sedan.

— Où allez-vous si vite, camarade Boze? me demanda le président des Barbistes provençaux, en me voyant allonger le pas.

— Chez le camarade Levert. C'est dans ces moments difficiles, comme ceux que nous allons traverser, qu'il faut prouver aux enfants de Sainte-Barbe qu'on a du cœur et que nous devons nous porter une mutuelle assistance.

— Camarade Boze, je vous approuve.

— Alors, venez avec moi, président.

— Très volontiers.

Le brave doyen des Barbistes prit mon bras et nous atteignîmes ainsi le cabinet du Préfet où nous trouvâmes un grand nombre de fonctionnaires de la ville et du département, accourus au premier bruit de la capitulation de Sedan.

Nous échangeâmes une cordiale poignées de mains avec le camarade Levert.

Le camarade Tiburce Sauvé, substitut du Procureur impérial à Marseille, nous ayant aperçu, se dirigea vers nous.

Sur la place de la Préfecture la foule grossissait de minute en minute.

M. Gaillardon, chevalier de la Légion d'honneur et commissaire central de police, vint aviser le Préfet que le nouveau Conseil municipal arrivait par la rue Saint-Ferréol, se dirigeant vers le palais préfectoral.

Il était alors dix heures.

En tête du cortège étaient les citoyens :

Albin Thourel, avocat ;

Alexandre Labadié, négociant en draps ;

Melchior Guinot, courtier maritime ;

Richaud, docteur-médecin ;

Jules Guibert, avocat ;

Rouvier, employé dans une maison grecque, et d'autres conseillers dont les noms ne sont pas, pour le moment, présents à ma pensée ; d'ailleurs, ce sont des noms appartenant tous à des personnages politiques fort obscurs et qu'il importe très peu de faire connaître à mes lecteurs.

Je remarquai avec quelque surprise que le citoyen Thomas Bory, de Martigues, le premier en tête de la liste municipale élue, ne se trouvait pas dans le cortège. J'en fis part à un ami placé près de moi, lequel me répondit que, depuis la veille, Bory était parti

— Cette fugue ne m'étonne nullement de la part d'un légitimiste de la plus belle eau qui, par peur, s'est noyé dans le parti républicain. Tout le monde sait à Martigues que de tout temps la famille des Bory a été et est plus royaliste que le roi. Quant à moi personnellement, qui le connais particulièrement, je puis affirmer que Thomas a toujours été pour la branche aînée des Bourbons, et que rien ne dénotait en lui des idées Saint-Simoniennes, raspailiennes, cabetistes et autres utopistes de même acabit. Je puis avancer hardiment le fait, attendu que j'étais pour ainsi dire de la famille, puisque, pendant sept ans passés sur les bancs du collège Sainte-Barbe, son oncle M. Joseph Icard, de Martigues, qui habitait Paris, rue Saint-Fiacre n° 10, avait été mon correspondant et mon père adoptif. Son neveu Thomas, dis-je encore à mon ami, est une poule mouillée qui n'a pas plus l'étoffe d'un conventionnel que son patron saint Thomas d'Aquin n'était juif ou mahométan.

En pénétrant dans la première salle de la Préfecture, les membres du Conseil municipal demandèrent à être présentés au premier fonctionnaire du département.

M. Levert, avisé, donna ordre de laisser venir à lui les nouveaux élus.

Au nom de ses collègues, le citoyen Albin Thourel prit la parole pour ex-

pliquer le but de cette visite, à savoir :
l'installation immédiate du nouveau
Conseil municipal de Marseille.

Le Préfet, ne voyant aucun empê-
chement au désir exprimé par le citoyen Thourel, procéda, séance tenante,
à l'installation du nouveau Conseil.

En conséquence le citoyen Thomas
Bory, qui avait obtenu le plus grand
nombre de suffrages, fut proclamé
maire de Marseille.

Le citoyen Thourel, qui arrivait
second sur la liste, fut nommé premier
adjoint, et, comme tel, remplissant,
en absence, les fonctions de maire de
Marseille.

Ce qui fut agréé et accepté de part
et d'autre.

Avant de prendre congé du Préfet
et de se séparer, les conseillers convin-
rent entre eux de se réunir à deux
heures de l'après-midi à l'Hôtel de
Ville.

Une foule immense attendait les
citoyens conseillers municipaux sur la
place de la Préfecture.

Le premier adjoint harangua la
multitude, l'exhorta au calme et lui
donna rendez-vous à deux heures sur
la place Villeneuve.

Le cortége municipal, suivi de près
par au moins trente mille individus,
reprit sa marche par la rue Saint-
Ferréol, et se dispersa vers la rue
Cannebière.

À midi, les fonctionnaires et les amis du Préfet, ne craignant aucune surprise de la part de la foule qui s'était éloignée, quittèrent les somptueux salons de cette splendide demeure que nous a légué le sénateur de Maupas, et tous promirent de se retrouver à leurs postes vers les deux heures.

Je suivis l'exemple qui m'était donné.

A deux heures, j'étais à l'Hôtel de Ville.

Le soleil était tropical.

Une foule immense avait déjà envahi les abords de l'édifice deux fois séculaire.

Des cris de : *Vive la République!* retentissaient de toutes parts.

Bien que cette forme de gouvernement n'eut pas encore été déclarée d'une façon officielle à Paris, néanmoins les Marseillais tenaient à honneur de devancer la capitale de la France.

Sur le grand balcon, faisant face au Vieux-Port, se tenaient les citoyens Gustave Naquet, rédacteur en chef du journal *Le Peuple ;* Louis Delpech, rédacteur en chef du journal l'*Egalité,* et Maurice Rouvier, chef de comptabilité de la maison grecque Zaffiropulo et Zarifi. Ces trois Démosthène en herbe haranguaient la foule à tour de rôle

qui convient à un grand peuple comme
le nôtre dans des moments aussi solen-
nels que ceux que nous allions bientôt
traverser.

Ces trois démocrates, orateurs spon-
tanés, furent souvent applaudis ; et
leurs voix furent, souvent aussi, cou-
vertes par les cris formidables de : *Vive
la République!* hurlés par les purs
d'en-bas.

Le citoyen Delpech prit une dernière fois la parole pour annoncer « qu'il
fallait considérer la République comme
proclamée, qu'on attendait des nouvelles de Paris et que de graves évènements se préparaient ».

Après une demi-heure, passée, sous
un soleil torride, à me promener de la
façade à l'arcade, de l'arcade à la façade
du monument municipal, j'en avais
assez ; mais, au moment de m'éloigner,
on vint annoncer à la foule qu'un ba-
taillon de troupes de ligne s'avançait
vers l'Hôtel de Ville et qu'il devait se
masser sur la place Villeneuve.

Les troupes, mises ainsi en mouvement, étaient composées de recrues ou
de soldats revenus de congé depuis
peu de jours.

Le citoyen Delpech qui, du haut du
balcon avait aperçu l'arrivée des baïonnettes, quitta son poste et se précipita
au devant des soldats, les harangua au
nom du peuple et leur représenta qu'ils
allaient commettre un crime de lèse-

Le commandant voulut résister.

Il ordonna les trois sommations.

Les scènes les plus dramatiques se passèrent alors.

Le citoyen Delpech, croisant les bras sur sa poitrine, criait aux soldats : « Tirez si vous l'osez. »

Un individu, pour moi tout à fait inconnu, debout sur la margelle de la fontaine Villeneuve, montrait sa poitrine nue, en disant : « Soldats! voici un but » et, désignant l'eau du bassin : « Voici mon linceul ! Feu si vous l'osez. »

C'est alors que je pris la direction de la Préfecture. D'ailleurs en restant au pied de l'Hôtel de Ville à qui aurai-je été utile ?

En me rapprochant de la rue Cannebière j'aperçus une masse compacte courir vers le palais de la Bourse et du Commerce.

Cette foule, aux cris de bêtes féroces, se précipita comme un fleuve débordé dans l'intérieur du vaste monument.

Je suivis la foule.

En pénétrant dans la grande salle du Commerce, je vis s'accomplir, là, un acte de vandalisme fort regrettable au point de vue artistique.

Deux individus, deux misérables, deux gredins, grimpés sur des échelles appuyées contre la belle statue en marbre de S. M. l'Empereur Napoléon III,

barres de fer, à mutiler, à détruire l'œuvre d'un artiste de grand talent, M. Ottin, de Paris.

Je ne pouvais comprendre comment un peuple qui a l'outrecuidante prétention d'être le plus civilisé, le plus éclairé et le plus intelligent de la terre, put mettre tant d'acharnement à assouvir sa haine, sa rage, sa colère, sa fureur, sa vengeance sur un objet inerte. Pourquoi donc pas sur l'homme dont on a à se plaindre ? Et, pourquoi donc sur un bronze, un marbre, une pierre, une toile ? En mutilant, brisant, saccageant, lacérant une statue ou un tableau, vous détruisez, non pas le souvenir de l'homme que vous détestez, mais bien l'œuvre de l'artiste qui y a mis tout son temps, toute sa patience, tous ses soins, toutes ses forces même et qui sait, peut-être bien, tout son génie !

O fauteurs de désordres, respectez dans ces objets d'art la gloire de l'ouvrier. Le travailleur, lui aussi, a sa gloire plus durable souvent que celle des conquérants, des prétendus législateurs et des soi-disant politiques. Cette gloire, il la lègue à la postérité dans les chefs-d'œuvre que, peintre, il a fixé sur la toile ; que, sculpteur, il a fait sortir du bloc de marbre ou de pierre ; que, orfèvre, il a martelé, ciselé sur le métal avec amour.

rez-vous à l'histoire de Marseille d'apprendre à la postérité que tel jour, tel mois, telle année, la statue de l'Empereur, sculptée par Ottin, fut inaugurée par le Commerce tout entier dans le palais de la Bourse ?

Non certes !

Eh bien, alors pourquoi détruire ?

Belle question, me dira-t-on. Est-ce que ces démolisseurs ont conscience de ce qu'ils font ?

Ils démolissent pour le plaisir de détruire.

Malheureusement depuis 1789 les Français ont cette triste manie, poussée jusqu'à l'insanité. Détruire, démolir, saccager et... voler. *A bas l'Empire! A bas la Royauté! A bas les Tyrans! Vive la République !* tels sont les cris qu'ils savent proférer à chaque révolution qu'ils font dans ce beau pays béni de Dieu. Cela, paraît-il, les amuse outre mesure et leur entretient la main, tout en leur faisant passer le temps en braillant, à tout propos, *la Marseillaise.*

Si, au moins, ils pouvaient avoir un moment de réflexion ! Eh bien ! oui, aller demander à ce peuple de France d'être un instant sérieux, autant vaudrait lui demander l'impossible.

Quel résultat, d'ailleurs, espère-t-il retirer de ces actes de vandalisme ?

Le sait-il lui-même ?

C'est, la tempête passée, recommencer à nouveau ce que le simple bon sens conseille de respecter. Il n'appartient, vraiment, qu'à des barbares d'avoir de pareilles idées ; car, en agissant ainsi, on laisse après soi des regrets quelquefois éternels. Je prends à témoin la mutilation de l'écusson royal placé sur la façade de notre Hôtel de Ville, lequel porte pour signature le nom du prince des statuaires français, celui de notre immortel compatriote Pierre Puget.

Un autre fait à l'appui.

Le 10 thermidor, an 2ᵐᵉ (28 Juillet 1794) de la République Française, une et indivisible, selon la prophétie de Danton, Robespierre était porté mourant de l'Hôtel de Ville sur l'échafaud aux acclamations banales de la foule qui applaudissait, cette fois, à la dernière de ces sanglantes hécatombes, auxquelles elle n'avait jamais fait faute. A peine le dictateur eût la tête tranchée, que ses plus fanatiques partisans le livraient aux gémonies de l'histoire et qu'un Fréron, le Sylla de Toulon, demandait à la Convention Nationale le rasement de l'Hôtel de Ville de Paris « ce Louvre du tyran » ; vœu impie, dont le représentant Granet fit rougir son auteur par cette allusion écrasante : « Punissez les coupables et ne démolissez rien ; les pierres de Paris ne sont pas plus criminelles que celles de Marseille. »

Le représentant du peuple Granet

n'avait-il pas mille fois raison de parler ainsi ? (1)

Et d'ailleurs qui, plus que l'Empereur Napoléon III a fait pour la grandeur et la prospérité de la France ? Qui a refait Marseille, presque de fond en comble ? Qui a créé ces grands ports, ces immenses quais, ces belles et larges voies, cette cathédrale de la Major, le palais de la Bourse, celui de la Préfecture, la Bibliothèque, le Conservatoire, le palais de Longchamp, Notre-Dame de la Garde, le château Impérial, les églises de Saint-Michel, de Saint-François de Paule, etc., etc., qui sont l'orgueil de notre cité transformée ? Qui a fait Marseille la capitale de la Méditerranée, que tous les peuples riverains nous envient ? N'est-ce pas l'Empereur Napoléon III dont vous brisez aujourd'hui l'image, peuple ingrat !

Cet empereur, hier encore vous l'acclamiez par plus de sept millions de suffrages. Et, au moment de son départ pour l'armée du Rhin, ne projetiez-vous pas de dételer les chevaux de sa voiture et de le porter en triomphe à la gare du chemin de fer de l'Est ?

Et vous vous imaginez, insensés que vous êtes, que l'histoire d'un

(1) Séance du 17 thermidor, an 2 (4 Août 1792). *Histoire de Marseille* par Amédée

grand Empire comme celui qu'a fondé
Napoléon, que le souvenir d'un grand
nom s'effacent aussi facilement qu'un
meuble peint ou sculpté? Vous croyez
bêtement qu'on peut gratter du cœur
d'une nation comme la nôtre la gloire
des Napoléon et la grandeur du premier et du second Empire?

Que mes lecteurs veuillent bien me
pardonner cette digression, suscitée
par une indignation fort naturelle. Je
reviens désormais à mon sujet primitif,
c'est-à-dire à la statue de S.M. l'Empereur Napoléon III.

A force de coups répétés, réitérés,
redoublés, les deux vandales parvinrent à la décapiter.

La tête roula lourdement sur les
dalles de marbre de la grande salle, là
où se trouve placée ce qu'on appelle
vulgairement la corbeille de Messieurs
les Agents de change.

Le bruit que produisit cette chûte
fut on ne peut plus lugubre.

La statue, décapitée, était horrible
à voir.

Un immense cri de : *Vive la République !* accompagna la chûte du lourd
morceau de marbre.

La foule, bête, stupide, sauvage et
féroce, se précipita sur ce bloc gissant
et mutilé, en vociférant des épithètes
les plus grossières, les plus infâmes et
les plus canailles.

Puis, un certain mouvement circulaire se produisit parmi cette tourbe grouillante, et, une carmagnole, à laquelle prit part un grand nombre de femmes échevelées, tourbillonna dans l'immense hémicycle.

Les cris et le tumulte furent alors indescriptibles. Ce charmant et gentil peuple se donnait à gueule que veux-tu des: *Vive la République !* Ce cri, paraît-il, le rendait heureux. Il faut si peu à ces bons Marseillais pour les griser; et, le cri de: *Vive la République !* a autant de charme pour lui que la note la plus suave pour une oreille délicate.

Je quittai immédiatement le palais de la Bourse afin de ne pas être plus longtemps témoin de scènes aussi scandaleuses.

J'étais triste, morne, mais non abattu, certes ; j'étais surtout poursuivi par l'image de cet empereur, de ce souverain décapité, dont les bourreaux furent un zouave, arrivé la veille de l'Algérie, et un maquignon marseillais, nommé Turc, fils indigne d'un honnête carrossier bien connu dans notre ville.

En traversant la place Royale, je me retournai pour voir l'heure au cadran de l'horloge de la Bourse, j'aperçus une vingtaine d'individus acharnés contre la hampe et le drapeau placés au balcon du monument.

On en voulait à l'aigle qui surmonte

Hampe, drapeau et aigle furent bientôt enlevés.

Le drapeau fut lacéré, l'aigle abattu, la hampe brisée en deux morceaux.

On hissa un nouveau drapeau : il était rouge ! ! !

Les cri- de : *Vive la République !* et des battements de mains arrivèrent jusqu'à moi.

La situation devenait de plus en plus critique.

Abandonnant la place Royale, je me rendis au café Bodoul où je trouvai quelques rares amis réunis silencieusement autour d'une table.

Je leur appris les évènements qui venaient de se produire à l'Hôtel de Ville et à la Bourse.

Ils en furent consternés.

En sortant de chez Bodoul, j'aperçus une bande de nervis déboucher de la rue de la Cannebière et entrer dans la rue Saint-Ferréol. Elle vociférait à pleins poumons le fameux cri de : *Vive la République !* qui commençait à devenir pour moi des plus fastidieux, pour ne pas dire autre chose.

Cette tourbe passa à mes côtés, trainant après elle la tête de mon bien aimé souverain, tête devenue informe et hideuse, attachée au bout d'une forte et longue corde. Ce n'était plus, en un mot, qu'un bloc de marbre souillé par la fange du ruisseau.

Je pensai à l'artiste que ce peuple bête, lâche et méchant, méconnaissait. Je pensai à Ottin qui allait bientôt apprendre quel sort le Marseillais avait réservé à son œuvre, peut-être celle qu'il croyait la plus belle de toutes ses productions.

Disons, en passant, qu'en matière de comptabilité cette statue avait coûté soixante mille francs au commerce de Marseille et qu'en matière d'art, elle était estimée le double au bas mot.

O peuple français, peuple de braves, voilà bien de tes caprices ! Cet empereur dont tu viens de briser la statue et que tu traînes dans les ruisseaux, hier tu l'acclamais et tu voulais le porter en triomphe.

Cette ignoble multitude, avinée par les libations alcooliques du dimanche, passa en se dirigeant vers la Préfecture.

Je suivis la tourbe ivre.

Trois heures sonnaient à l'horloge de la Préfecture quand j'atteignis la porte cochère du monument.

Un groupe de braillards, « un tas d'hommes perdus de dettes et de crimes » comme fait dire Corneille à Cinna, passa près de moi.

A la tête de cette tourbe avinée et stupide marchait un courtier de tourteaux, nommé François Vernet, bien connu de notre monde commercial. Cette bande avait pris pour mission

de briser les aigles et d'effacer partout
ce qui, de près ou de loin, pouvait rap-
peler l'Empire.

Ils s'imaginent donc, eux aussi, ces
misérables, ces fous furieux, ces insensés, que l'histoire d'un grand Empire
va subitement disparaître sous leurs
grossiers barbouillages ; aussi, ai-je
eu un moment de commisération en
apercevant à la tête de cette bande
d'énergumènes, un homme de cin-
quante ans, un père de famille, ce
Vernet, enfin, jouer un tel rôle. Puisse
la destinée ne pas lui réserver dans sa
vieillesse le juste châtiment qu'il mé·
rite.

Et dire que parmi ces farouches démolisseurs d'aigles et d'emblêmes im-
périalistes, aucun n'a jamais eu la
généreuse abnégation de se débarrasser des pièces de monnaie portant
l'effigie de nos deux Empereurs !

Libre au peuple de France, dans son
outrecuidante vanité, de prétendre à
la suprématie de l'intelligence, soit !
mais, les autres nations, tout en nous
laissant nos illusions chimériques, savent que nous possédons à un haut
degré la légèreté de caractère, la sottise
d'esprit et l'ingratitude du cœur.

Sur la place Saint-Ferréol se trouvaient quelques soldats, baïonnettes
au canon, et faisant face à la rue Saint-
Ferréol.

Le colonel d'Etat-major Camô, com-

mandant la Place, était là, à la tête
des soldats.

Après échanges de saluts et de poignées de mains, je fis sommairement,
au colonel, le récit des faits dont je
venais d'être le témoin indigné.

A son tour, le colonel m'apprit qu'il
avait été chargé, quelques instants
auparavant par le général de division
d'Aurelles de Paladines d'aller prendre
des renseignements au sujet d'une
manifestation populaire qui, disait-on,
devait avoir lieu dans la journée contre
le Quartier-général. Cette manifestation, paraît-il, devait se rassembler
devant les bureaux du journal le
Peuple, rue Moustier.

A l'imprimerie, on affirma au colonel Camô, de la façon la plus formelle,
qu'aucune manifestation ne devait
avoir lieu.

Rassuré, le commandant de place
retourna à la division pour rendre
compte de sa mission au général
d'Aurelles.

— Malgré ces assurances, tenez-vous
sur vos gardes, dis-je au colonel Camô,
en prenant congé de lui.

Connaissant de longue date le caractère révolutionnaire de la population
cosmopolite de Marseille, il n'était pas
douteux, pour moi, que des évènements d'une certaine gravité auraient
lieu avant la tombée de la nuit.

Devant la grande porte du palais

préfectoral se tenait un simple piquet de chasseurs de Vincennes, commandé par un capitaine d'infanterie de ligne.

Quelques rares sergents de ville, ayant à leur tête les commissaires de police Gaillardon, Moutardier, Antoniolli, Migeon, Lamolle et autres, se tenaient près des soldats et maintenaient autant que possible la foule de plus en plus compacte.

En pénétrant dans le grand vestibule, j'aperçus le Préfet en uniforme. Il se tenait sur un des degrés de l'escalier double qui conduit à ses bureaux et aux appartements privés de la famille Levert.

Je racontai à mon camarade les faits dont je venais d'être témoin à l'Hôtel de Ville et au palais de la Bourse.

— Je les connais, me répondit-il.

— Je vous engage, lui dis-je alors, à faire quitter la Préfecture à madame Levert et à vos enfants.

— J'y ai songé.

— Vous agirez sagement, mon ami, et ne puis que vous en féliciter.

Le Préfet descendit l'escalier pour donner l'ordre de requérir immédiatement la gendarmerie à cheval, dont la caserne se trouve située sur la première ligne du Prado, à gauche, non loin de l'église Saint Adrien.

Je pénètre dans les salons ; et, qu'elle

Mme Levert causant avec un groupe de fonctionnaires. D'après l'assurance positive que venait de me donner le Préfet, un instant auparavant, je croyais sa femme loin du palais et à l'abri de tout danger.

Je me permis de faire part à la dame de mon ami de mes craintes réelles, pour elle et ses deux jeunes filles, Fatma et Madeleine.

— C'est en raison des craintes que je viens de vous signaler, ma chère Mme Levert, que je vous engage à quitter au plus tôt cette demeure qui devient de plus en plus inhospitalière pour vous et pour vos enfants.

— Comme bien vous le pensez, mon cher M. Boze, je ne m'éloignerai pas de la Préfecture tant que mon mari y sera. Et, d'ailleurs, comment m'en aller? Ma fille Fatma, vous le savez, est alitée depuis quatre jours.

— N'importe, Madame, croyez aux pressentiments d'un véritable ami. Partez au plus vite. Emmenez votre fillette dans une voiture fermée. Ayez foi dans la vieille expérience d'un homme qui connaît à fond son Marseillais. Il n'est pas prudent, je vous l'assure, de prolonger plus longtemps votre séjour ici.

Je fis un profond salut à Mme Levert et lus me mêler à un groupe de Messieurs dont la conversation était fort animée.

Le Préfet revint dans son cabinet.

Je lui racontai mot à mot la conversation que je venais d'avoir avec sa dame; mais ce haut fonctionnaire ne parut pas convaincu de la véracité et surtout de la portée de mon excellent conseil.

Les salles, les salons, les corridors, les vestibules, les escaliers, la cour d'honneur se remplissaient d'amis, ou se disant tels, de fonctionnaires, de soldats, d'agents de police et surtout de curieux.

Une bande de plusieurs milliers d'hommes, en blouse bleue et coiffés de casquettes à la propreté douteuse, fut signalée au Préfet par le commissaire central Gaillardon. Cette foule, précédée du drapeau rouge, arrivait par la rue Saint-Ferréol, en hurlant la *Marseillaise*.

— Nous voulons des armes, criaient les uns. *Vive la République!* vociféraient les autres.

Le général d'Aurelles de Paladines laissa avancer cette multitude jusque vers le milieu de la place de la Préfecture.

A un signal transmis au brave colonel Camó, les chasseurs de Vincennes, au nombre de vingt-cinq, s'élancèrent baïonnettes en avant en marchant au pas gymnastique sur la bande agglomérée autour de la loque écarlate.

sens, la foule effrayée, coupe en deux la manifestation, en rejette la tête vers la Préfecture, le reste vers le boulevard du Muy et dégage les abords de l'hôtel de la division, rue d'Arménie, à la porte duquel se tenait, en ce moment, le général d'Aurelles.

Les chasseurs poursuivent le porte-drapeau qui, se voyant serré de près, finit par se débarrasser de sa sinistre défroque en la jetant à terre.

Un soldat ramassa l'horrible guenille, un autre arrêta et appréhenda au corps le porte-drapeau, l'enleva à bras tendu et alla le déposer à la prison de la Préfecture. Cet enlèvement fut exécuté par l'intrépide chasseur avec la rapidité de l'éclair.

J'appris bientôt que ce porte-drapeau était un Italien.

Par ordre du général d'Aurelles, les vingt-cinq hommes, auxquels s'étaient joints une dizaine de soldats de la ligne du poste du quartier général, sont déployés en tirailleurs sur la place de la Préfecture, depuis l'entrée de la rue d'Arménie jusque vers le milieu de la place.

C'est à ce moment que la brigade de gendarmerie à cheval, colonel et capitaine en tête, arriva au galop et vint se mettre en bataille sur la place, tournant le dos à la Préfecture et faisant face à la rue Saint-Ferréol. Cette brigade se composait d'une douzaine de cavaliers. Elle fut appuyée par quelques agents de police dirigés par leur chef M. Gaillardon.

Le peuple, qui avait de nouveau envahi la place, entoure ces soldats d'élite. Il cherche à fraterniser avec eux. Quelques individus tendent leurs mains au colonel baron de Fauconnet et à son jeune et vaillant capitaine Caton. Officiers et soldats restent impassibles devant ces témoignages et ces marques de tendresse populacières.

Le Général, le Préfet, le Procureur Impérial Crépon sont sur la place avec les troupes, soit trente cinq conscrits et une douzaine de gendarmes. Voilà quel était le bilan de ces forces que les autorités avaient, en ce moment, à leurs dispositions pour faire face à une foule qui, sans cesse augmentait, devenait plus compacte et plus audacieuse.

Le général d'Aurelles, voyant la place de la Préfecture de plus en plus encombrée, envoit l'ordre de faire feu sur le peuple, si celui-ci ne se retire pas après les trois sommations légales.

On ne doit pas oublier que le département des Bouches-du-Rhône avait été mis en état de siège quelques jours auparavant par suite des scènes tumultueuses qui eurent lieu à l'Hôtel de Ville, alors que le général comte d'Exéa commandait la division.

Les trois roulements de tambour se

La fou!e ne recula pas d'une semelle ; bien mieux, quelques énergumènes se présentèrent, poitrine découverte, au devant des baïonnettes et crièrent aux soldats : « Tirez si vous l'osez ! »

Le colonel de Fauconnet ordonna alors à ses gendarmes de charger ; mais, quelques chevaux s'abattent sur le pavé glissant et en pente de la place.

Le colonel Camô fait alors observer aux autorités que la partie la plus dangereuse de la manifestation et de ses chefs a été refoulée sur le boulevard du Muy, qu'elle est derrière la troupe et qu'elle attend le commencement de la collision pour s'élancer sur les autorités en les prenant entre deux foules.

Le général d'Aurelles ordonne de faire replier les soldats vers l'entrée de la rue d'Armény, en s'appuyant aux maisons qui bordent la place, afin de protéger le quartier général.

Les soldats, exécutant l'ordre donné par leur chef, vont se placer aux deux extrémités de la rue.

La gendarmerie, impuissante, se retire dans la cour de la Préfecture.

Le général d'Aurelles envoit chercher un ou deux pelotons de chasseurs à pied qui en arrivant, se placent aux extrémités de la rue d'Armény aux côtés de la troupe de ligne.

Pendant ce temps, les colonels Camô

et de Fauconnet se portent en personnes au devant de la manifestation qu'ils cherchent à calmer par des paroles les plus bienveillantes et les plus rassurantes.

La persuasion, dans des circonstances aussi graves, aussi solennelles et où les esprits sont portés à un degré extrème du paroxisme, vaut mille fois mieux que les moyens les plus rigoureux.

Agir autrement que l'ont fait les colonels Camó et de Fauconnet eût été de la folie. C'était vouloir mettre le feu aux poudres; c'était allumer l'incendie dans le cœur de cette population exaltée par les boissons alcooliques; c'était, en définitive, aboutir à la guerre civile et faire massacrer inutilement quelques pauvres conscrits.

Honneur donc à la modération de ces deux braves officiers supérieurs les colonels Camó et de Fauconnet qui ont bien mérité de lèse-humanité.

Quelques délégués municipaux, l'écharpe en sautoir, arrivèrent de l'Hôtel de Ville pour haranguer le peuple impatient et frémissant.

Le citoyen Albin Thourel était en tête de la délégation.

Il en fut l'orateur.

Le premier adjoint, remplissant, en absence, les fonctions de Maire, harangua la foule avec cette chaleureuse et

l'exhorta au calme et à la tranquilité.

Son discours achevé, le citoyen Thourel entraîna la foule vers la rue Saint-Ferréol.

La place de la Préfecture se trouva alors à peu près dégagée.

La nuit commençait à étendre ses ombres sur la ville. Tout me sembla présager une quiétude parfaite pour le reste de la nuit.

Je profitai de cette circonstance pour aller prendre un peu de nourriture, avec la résolution de revenir de suite après reprendre mon poste auprès du camarade Levert.

Je quittai donc la Préfecture en compagnie de mon vieil ami Bourrian, chef de division du bureau militaire.

Il était environ huit heures.

C'est à ce moment qu'une députation se rendait au quartier général pour demander la mise en liberté du citoyen Gaston Crémieux et de ses co-détenus au fort Saint-Jean, condamnés, le 8 Août dernier, par le Conseil de guerre, en raison de leur tentative d'insurrection et de l'envahissement de l'Hôtel de Ville.

Le général d'Aurelles refusa énergiquement de recevoir la délégation. Il chargea le colonel Camô d'annoncer aux principaux chefs qu'il ne consentirait à leur livrer les prisonniers que sur un ordre exprès du Ministre de la

une dépêche, du but de la manifestation.

La députation, approuvant la réponse du général, transmise par l'infatigable colonel Camô, se retira avec calme.

Mon repas terminé, à neuf heures j'é fais deretour à la Préfecture.

Des groupes, peu nombreux du reste, stationnaient sur la place; mais, par contre, le cabinet de travail du Préfet était encombré d'une foule d'amis et de fonctionnaires.

La vue de cette réunion me fit un très sensible plaisir. C'est dans des moments vraiment difficiles que l'on aperçoit avec satisfaction des amis dévoués venir vous offrir spontanément leurs généreux concours. Et, c'est en raison de son caractère bon, aimant, loyal, franc, serviable, affectueux et sympathique que le Préfet comptait réellement beaucoup d'amis, non seulement à Marseille, mais encore dans tout le département. Du moins, ma croyance et mes convictions paraissaient être fondées sur des bases vraies, certaines, indéniables, attendu que, depuis son arrivée dans les Bouches-du-Rhône, le Préfet avait rendu bien des services, sans compter les bienfaits que lui et sa vertueuse compagne ne cessaient de répandre dans le sein de cette classe nécessiteuse, mais fière, de

— Quoi de nouveau ? demandai-je au Préfet en lui tendant la main.

— Changement de gouvernement. Les dépêches se succèdent sans interruption. Tenez, en voici un grand nombre, reçues pendant votre absence. Prenez-en connaissance.

Je me mis à parcourir le contenu de huit à dix télélégrammes officiels ou de l'agence Havas que me tendit le camarade Levert. Toutes ces dépêches portaient la signature de Gambetta, devenu Ministre de l'Intérieur.

— Je lis dans tout cela, dis-je au Préfet, en lui rendant les dépêches, que la République est au bout. Demain matin, à neuf heures, écoutez-moi bien, mon cher ami, le peuple de Marseille sera à votre porte et à dix heures il envahira votre demeure. Je vous réitère le conseil de faire partir d'ici Mme Levert et vos deux enfants.

Son fils Maurice se trouvait, en ce moment, à Bagnères-de-Luchon avec Albert Sarlande, son chef de cabinet.

Le Préfet me regarda avec un sourire d'incrédulité et me répondit :

— Je vous remercie, mon cher ami, de l'intérêt que vous portez à ma famille ; mais, je me permets de vous dire que vos craintes sont au moins prématurées et.. elles ne se réaliseront pas.

— Que Dieu vous entende. Néanmoins....

— D'ailleurs, ajouta le Préfet, en m'interrompant, nous avons deux mille hommes de troupe. Il y en a plus qu'il nous en faut pour mettre les tapageurs à la raison.

— Tant mieux. Cependant, je me souviens — triste souvenir — qu'au mois de Juin 1848, le peuple descendit de la Plaine Saint-Michel à neuf heures du matin ; et, les barricades de la rue de la Palud s'élevèrent à dix heures. Plaise à Dieu qu'il n'en soit pas ainsi.

— Cela n'arrivera pas.

— Je le désire grandement et pour vous et pour nous. C'est un avis que ma vieille expérience s'est permise de vous donner.

A dix heures, le citoyen Thomas Bory, le nouveau Maire de Marseille, fut introduit auprès du Préfet.

Les deux fonctionnaires causèrent à voix basses pendant une heure environ.

Ce qui se passa entre ces deux fonctionnaires je l'ignore et l'ignorerai très probablement toujours, à moins que l'un des deux ne livre à la publicité leur mutuelle conversation.

Après le départ du Maire, on vint nous avertir qu'une nouvelle députation de frères et amis se rendait au quartier général afin de renouveler avec plus d'instance la demande de délivrance immédiate des prisonniers du fort Saint-Jean, puisque la réponse du Ministre de la guerre se faisait si longtemps attendre de Paris.

Je sortis un instant de la Préfecture pour me rendre à la division et donner un coup d'œil sur ce qui pouvait s'y passer.

La foule parlementait avec le colonel Camô.

Enfin, vers minuit, l'ordre télégraphique du ministre de la guerre, si impatiemment attendu, arriva. Il prescrivait de mettre en liberté, sur le champ, tous les prisonniers politiques détenus au fort Saint-Jean.

L'Officier d'Etat-Major, capitaine Moureaux, chargé de porter des instructions dans ce sens au commandant du fort, rencontra une foule armée se dirigeant vers le fort dans l'intention d'enlever les prisonniers de vive force.

L'ordre du Ministre de la guerre empêcha ce conflit.

Je revins à la Préfecture rendre compte au camarade Levert de ce dont je venais d'être témoin.

DEUXIÈME JOURNÉE

Lundi 5 Septembre 1870

A minuit, le citoyen Marie, fils de l'ancien Député des Bouches-du-Rhône demanda, en sa double qualité de Conseiller municipal et de Capitaine d'artillerie de la Mobile, une entrevue au Préfet.

Cette faveur lui fut accordée.

L'entretien eut lieu près de la bibliothèque et dura une demi heure environ.

Depuis mon retour à la Préfecture je m'étais aperçu de l'état de fatigue qu'éprouvait mon camarade Levert. Il toussait beaucoup. La journée, du reste, avait été fort rude pour lui.

Dès que le citoyen Marie se fut retiré, j'engageai vivement le Préfet à aller prendre un repos bien gagné.

Une heure venait de sonner à l'horloge du palais préfectoral.

Après minuit, la plupart des personnes qui se trouvaient dans les salons de M. Levert s'étaient peu à peu éclipsées.

Il y avait en tout une trentaine d'amis et de fonctionnaires dont j'ai eu soin de prendre les noms que je me plais de transcrire ici :

MM. Bourrian, chef de division du

bureau militaire, à la Préfecture ;

Boze-Volcy ;

Camô, Colonel, Chef d'Etat-major, commandant la place ;

. Caton, Capitaine de gendarmerie à cheval ;

Chapelain, Docteur-Médecin ;

Cadiergues, Conseiller de préfecture ;

Davin, Garde - magasin de la Manufacture des tabacs de l'Etat;

Estrangin Alexis, Banquier ;

. Fauconnet (baron de), Colonel de gendarmerie à cheval ;

Fanjoux , ancien Secrétaire Général des Bouches-du-Rhône, sous le Sénateur de Maupas ;

Gillet-Roussin, Juge au Tribunal civil de Marseille ;

Joly, Inspecteur principal des Douanes, en retraite ;

Delassaux, Chef de bureau à la Préfecture ;

Ménard Léopold , Inspecteur des prisons départementales ;

Monet, Ingénieur en chef du département ;

Mouton Aimé, attaché au cabinet particulier du Préfet ;

Mancel, Courtier de commerce;

Nyer Louis, Secrétaire Général de la Préfecture des Bouches-du-Rhône ;

Ricard Emile, Chef de la première division à la Préfecture ;

Roux Hilarion, Banquier ;
Roux Antony, Rentier ;
Roux Jules - Charles, Fabricant de savons ;
Raynouard, ancien Notaire ;
Rivoire François, Négociant, Président du Tribunal de commerce de Marseille ;
Sauvé Tiburce, Substitut du Procureur Impérial, à Marseille.
Sauvet, Docteur-Médecin ;
Toulouzan, Chef de la 3ᵉ division, à la Préfecture.

A deux heures du matin, le Préfet se décida, enfin, à se retirer dans ses appartements privés, en reccommandant au camarade Sauvé et à moi de le prévenir si quelque évènement insolite venait à se produire dans le courant de la nuit.

Nous le lui promîmes.

Dès que les personnes, encore présentes, se furent aperçues de l'éloignement du Préfet elles en firent de même ; et, des vingt-sept que j'avais compté auparavant, il n'en restait plus qu'une dizaine tout au plus.

C'était vraiment aussi curieux que navrant de voir disparaître un à un ces soi-disants amis, à mesure que les aiguilles de la pendule du cabinet marquaient les heures. Ce vide simultané me faisait l'effet d'une boule de neige qu'on aurait exposée aux rayons ardents du soleil d'Août ; et le disti-

que d'Ovide me revint instinctivement
à la mémoire :

Donec eris felix, multos numerabis amicos
Tempora si fuerint nubila, solus eris;

et ces vers du poète de Sulmone étaient
pour moi, en ce moment, la plus triste,
la plus réelle et la plus éclatante vé-
rité.

A cinq heures du matin nous
n'étions plus que six personnes, dor-
mant dans des fauteuils, sur des
divans ou se promenant, causant, fu-
mant des cigares que le Préfet avait,
avant de se retirer, mis gracieusement
à notre disposition.

Une bande d'individus braillant
La Marseillaise, descendit de la place
Castellane, longea la grille du jardin
de la Préfecture et alla se perdre dans
le centre de la ville, en suivant la rue
de Rome.

— Déjà, m'écriais-je, en me dirigeant vers une des croisées donnant
sur le jardin. Messieurs, vous enten-
dez ces braillards, dis-je aux rares
amis qui tenaient encore bon, la journée s'annonce mal. J'ai toujours présent à la mémoire le jour et l'heure où,
au mois de Juin 1848, le peuple marseillais fit ses barricades. Il pourrait
bien arriver qu'il en fut de même
aujourd'hui.

Après ces quelques paroles, prenon-
cées avec une certaine conviction, je

fenêtres s'ouvrent du côté de la grande place.

Elle se couvrait de monde.

Et quel monde, grand Dieu !

Des groupes animés commençaient à se former un peu partout.

Le journal le *Peuple* venait de faire son apparition. Tous les numéros de la feuille écarlate furent enlevés comme par enchantement. On se les arrachait. Chacun lisait avec une fièvreuse avidité le journal républicain.

A six heures, le commissaire central, M. Gaillardon, accompagné de M. Lamolle, commissaire spécial de police de la Préfecture, entra dans l'appartement où nous nous tenions Sauvé et moi. C'est le cabinet de notre jeune ami Albert Sarlande, secrétaire particulier du camarade Levert.

— Pourriez-vous, Messieurs, me dire où se trouve en ce moment Monsieur le Préfet, nous demanda M. Gaillardon, en nous saluant.

— Dans sa chambre, répondis-je au commissaire central, où il s'est retiré ce matin, à deux heures. Vous pouvez y entrer, le Préfet nous ayant donné l'ordre, à mon ami M. Sauvé et à moi, de vous laisser pénétrer jusqu'à lui, dès que vous vous présenteriez.

Et, tout en nous remerciant, Monsieur Gaillardon prit seul la direction de la chambre du Préfet, en invitant M. Lamolle à l'attendre.

Le Commissaire spécial de la Préfecture demeura auprès de nous et la conversation roula sur les évènements de Paris, de l'armée de l'Est et sur ceux qui se préparaient à Marseille.

— La journée, Messieurs, sera mauvaise, dit M. Lamolle.

— Je le présume comme vous, lui répondis-je ; mais, sera-t-elle plus mauvaise que celle d'hier?

— C'est à n'en pas douter !

— A quoi attribuez-vous donc cette crainte? lui demanda Tiburce Sauvé.

— Aux rapports de police qui me sont parvenus de grand matin.

— Ah ! exclama Sauvé, d'une voix quelque peu attristée.

— Apprenez, Messieurs, que cette nuit une bande de vauriens, de ceux qu'on appelle à Marseille *leïs Nervis*, a enfoncé le magasin d'un armurier de la place du Grand-Théâtre et l'a pillé.

— Je connais l'armurier, dis-je au Commissaire. Il se nomme Bergeron.

— Précisément, me répondit Monsieur Lamolle, en me faisant un signe de tête approbatif.

— Allons, continuai-je, c'est tout à fait comme en Juin 1848. Ces gens-là procèdent toujours de la même façon, dis-je à ces deux Messieurs, ainsi qu'au secrétaire général de la Préfecture, le camarade Nyer, un ancien Barbiste, qui venait d'arriver.

A huit heures, M. Fournier, conseiller honoraire de préfecture et mon ami Jules Barile, propriétaire du *Courrier de Marseille,* parurent dans le cabinet du Préfet.

Ces deux Messieurs nous témoignèrent le désir de voir au plus tôt M. Levert.

— Il est encore dans ses appartements, leur répondis-je ; mais, d'après ce que vient de nous apprendre M. Nyer, le Préfet ne peut tarder de paraître.

M. Fournier s'assit dans un fauteuil, prit un journal quelconque qui lui tomba sous la main et se mit à le parcourir.

Jules Barile, plus pressé, paraît-il, pénétra dans les appartements privés de M. Levert.

Je le vis sortir quelques instants après, en m'offrant d'aller déjeuner avec lui au café Bodoul.

Je remerciai mon ami Barile qui s'éloigna pour ne plus reparaître.

Le Préfet arriva sur ces entrefaites, et fit ensuite appeler MM. Thoulouzan et Bourrian, chefs de division, auxquels il remit une liasse de papiers en leur disant : « Dieu veuille, Messieurs, que toutes ces affaires reçoivent un jour leurs solutions. »

Telles furent les dernières paroles du Préfet en congédiant ces deux hauts employés.

Les Commissaires de police ne cessaient d'aller et de venir. Leurs conversations, avec le Préfet, avaient lieu à voix basse.

Attentif à tout ce qui se passait sous mes yeux, j'augurai mal de la situation.

C'est alors que, pour la troisième ou la quatrième fois, j'engageai le Préfet à faire partir sa famille.

Et la foule grossissait de plus en plus sur la place de la Préfecture.

M. Levert pria le secrétaire général Nyer d'aller requérir la gendarmerie à pied, dont la caserne est située place de Rome, à quelques pas de la Préfecture.

Le camarade Nyer partit. Il revint quelques minutes après nous annoncer qu'il n'avait trouvé qu'un seul gendarme de garde à la caserne, la brigade étant partie, dans la nuit pour aller rejoindre l'armée du Rhin.

Le Préfet expédia alors un agent de la police secrète à la caserne du Prado avec un ordre exprès enjoignant au colonel de Fauconnet et à ses gendarmes de se tenir prêts et d'attendre un nouvel avis de sa part.

L'agent de police, de retour du Prado, annonça au Préfet que le colonel de Fauconnet avait fait monter ses hommes à cheval et qu'il attendait de nouveaux ordres les pieds dans l'étrier.

Un piquet de dix hommes de ligne, arrivant sur la place de la Préfecture, vint se ranger en bataille devant la grande porte cochère du Palais.

Dans la cour d'honneur se tenaient plusieurs agents de police en bourgeois. Connaissant les intentions hostiles de la populace à leur égard, ces braves gens avaient manifesté, à leurs chefs respectifs, le désir de faire leur service en tenue civile.

Ce qui leur fut accordé.

Cette pensée était excellente en elle-même ; car, en outre du peu de sympathie que la canaille leur témoignait, les agents n'ignoraient pas que la force armée, presque nulle, en ce moment, ne pouvait leur prêter ni appui, ni secours.

A neuf heures, je fis, de concert avec mon camarade et ami Tiburce Sauvé, enlever le buste en marbre du sénateur Maupas qui ornait une des consoles du cabinet préfectoral.

Cette œuvre d'art fut portée aux archives départementales par plusieurs agents de police qui avaient connus l'ancien administrateur des Bouches-du-Rhône.

La précaution que, mon camarade Sauvé et moi, nous prenions à l'égard de l'image sénatoriale n'était, certes, pas en raison de l'admiration et surtout de l'affection ressentie par nous pour la personne et le caractère de M. de Maupas que nous n'avions, ni l'un ni l'autre, l'honneur de connaître.

acte de pure conservation artistique;
et, ma foi, l'œuvre en valait la peine.

La foule continuait à se masser sur
la grande place, devenue trop étroite.

Les rapports de police se succé-
daient sans interruption. Ils étaient
on ne peut plus inquiétants, alarmants
même.

Le Préfet expédia son Secrétaire
Général auprès du Conseil Municipal
afin d'engager le Maire à lui envoyer
une délégation pour contenir le peuple qui braillait à tue-tête : *Vive la
République !* et qui cherchait à enva-
hir la Préfecture, dont les portes, par
précaution, avaient été fermées.

Nyer sortit.

Je ne le revis plus de toute la journée. (1)

Nous ne fûmes plus que deux auprès
du Préfet : Tiburce Sauvé et moi.

Le camarade Levert me pria de me
rendre auprès du général d'Aurelles
de Paladine pour lui faire part de la
situation dans laquelle se trouvait, en
ce moment, la Préfecture et ses abords,
et, pour lui demander, en même temps,
un renfort de troupes.

----

(1) Je rencontrai le lendemain mon camarade Nyer qui m'apprit avoir été à l'Hôtel
de Ville par la rue Paradis, restée libre,
alors que la délégation municipale se rendait
à la Préfecture par la rue Saint-Ferréol et

Je déclinai cette mission, par la raison, fort simple, que je n'avais aucun caractère officiel pour la remplir.

Ce que, du reste, le Préfet comprit très bien.

Ce fut Sauvé qui me remplaça dans cette mission.

Le Préfet expédia une nouvelle estafette au colonel de Fauconnet, en lui enjoignant l'ordre de se rendre immédiatement à la Préfecture avec ses gendarmes.

Hélas ! cet ordre devait arriver trop tard au chef de ce corps d'élite.

Dix heures sonnaient, en ce moment, à l'horloge du Palais, lorsque Sauvé revint de sa mission auprès du Général.

Notre camarade était triste.

— Eh bien, lui demanda le Préfet, que vous a répondu le Général ?

— Rien de bon. Le Général m'a répondu qu'il n'avait pas de soldats à donner ; et que, d'ailleurs, chacun devait se garder comme il le pourrait.

Le Préfet ne fit aucune observation à cette étrange réponse.

Un huissier vint lui annoncer la présence de MM. Gustave Luce et Prou-Gaillard, président et juge du Tribunal de commerce de Marseille.

Le Préfet donna ordre de laisser entrer ces messieurs ; mais, au moment où ils furent introduits dans le cabinet, le même huissier retourna sur ses pas

tionnaire que quelqu'un le demandait dans la salle d'attente.

Le Préfet s'excusa auprès de MM. Luce et Prou-Gaillard qui, après quelques minutes d'arrêt, se levèrent des fauteuils dans lesquels ils étaient assis, nous saluèrent, sortirent et disparurent.

Nous restâmes, Sauvé et moi, seuls une fois encore.

M. Levert ne tarda pas à nous revenir.

Ainsi, de toute cette foule de fonctionnaires et d'amis qui, hier, encombraient les salons de la Préfecture, nous ne nous trouvions plus que trois pour tenir tête au formidable orage qui grondait et qui allait bientôt fondre sur le Palais. Hélas ! et c'est triste à avouer, nous n'étions, dis-je, que trois pour affronter vingt mille coquins massés sur la place, n'attendant que le moment propice pour se ruer sur la Préfecture.

Ce moment ne tarda pas à se présenter, comme on va le voir.

— Eh bien, dis-je au camarade Levert, êtes-vous convaincu, maintenant, de tous ces faux-semblants d'amitié? Vous les voyez, à présent, ces bons et vaillants amis de la première heure. Où sont-ils? Que de fois ne vous ai-je pas dit : « Pas un de tous ceux qui viennent ici lécher vos bottes et vos plats, pas un seul de tous ces solliciteurs de sera auprès de vous si un danger quelconque vous menaçait. » Ne vous ai-je pas constamment tenu ce langage et n'ai-je pas eu raison de vous le tenir ?

— C'est vrai, mon cher Boze. J'aime à vous rendre cette justice. Vous êtes peut-être le seul qui m'ayez toujours fait entendre des paroles de la plus sincère amitié.

— C'est parce que je n'avais ni place, ni ruban à vous demander pour moi.

Puis, après quelques secondes de réflexion, le Préfet reprit la parole.

— Et ce qui me peine surtout dans cet abandon, dans ce vide que j'aperçois, en ce moment, autour de moi, c'est que pas un camarade, pas un Barbiste, n'est venu m'offrir son concours.

— Pardon, mon cher ami, lui dis-je ; vous faites erreur, attendu qu'il y a, en ce moment, deux de vos anciens camarades, deux Barbistes, auprès de vous et qui, depuis hier, ne vous ont pas quitté d'une semelle.

Je lui désignai Sauvé et... moi.

Alors, comme poussés par un mouvement électrique, et comprenant que le danger était proche, nos mains se trouvèrent les unes dans les autres unies par un entraînement irrésistible.

De telles scènes se comprennent mais ne peuvent se décrire.

nos visages; mais, le calme, la résignation et l'énergie, l'énergie surtout,
régnaient dans nos cœurs.

C'est à ce moment qu'un huissier de
service vint nous annoncer que M. Migeon, commissaire spécial des ports,
venait d'être grièvement blessé dans
la rue Montaux.

— En voilà un, enfin! criait-on
dans un groupe. Il est de la rousse.

— Non, c'est le Préfet! disaient
d'autres individus, en apercevant une
rosette d'officier d'un ordre quelconque à la boutonnière du Commissaire
de police.

— Non, non, non, c'est un de la
rousse!

Et deux coups de feu partirent si-
multanément, atteignant à la cuisse le
malheureux Migeon.

Cet officier de paix eut la force de
faire quelques pas en avant; mais
affaibli par la douleur et la perte de
son sang, il s'affaissa et tomba sur lui-
même.

Quelques personnes charitables, présentes à cette boucherie d'êtres inhu-
mains, brutes et sauvages, eurent pitié
du blessé qui fut transporté dans le
corridor d'une maison voisine et de là,
sur son désir à l'hôpital militaire de la
rue de Lodi.

Au moment où chacun de nous
croyait le récit de l'huissier terminé,

— Pardon, Messieurs; mais il y a un incident qui s'est produit pendant cet assassinat contre M. Migeon et que je ne voudrais pas pour tout au monde passer sous silence.

— Qu'est-ce donc? lui demanda vivement le Préfet.

— Un de nos médecins homéopathes, le docteur Gaillard, bien connu pour ses opinions écarlates, arriva sur le lieu de l'évènement. S'approchant du blessé, étendu sur les dalles du corridor, il le reconnut et tint au pauvre M. Migeon ce langage intempestif que j'ai entendu, moi, de mes propres oreilles, nous dit l'huissier.

— Et ces paroles? demandai-je.

— Les voici textuellement: « Ah ! c'est vous qui voulez vous opposer à la Souveraineté du Peuple ? » Le malheureux commissaire de police ne répondit rien. Dans un tel moment et dans son état de souffrance, il n'avait que faire de la phraséologie creuse, déplacée et inhumaine du docteur rouge.

— Certes, un emplâtre quelconque appliqué sur la blessure de M. Migeon eût produit meilleur effet que de débiter pareilles sornettes, dis-je à l'huissier. Et, quand je pense que cet homéopathe, jadis médecin à l'hôpital du Val-de-Grâce, de Paris, avait reçu et accepté la croix de la Légion d'honneur sous ce régime honteux et corrompu, comme

Hélas ! nous dit à son tour le camarade Sauvé, la décadence morale et
intellectuelle est telle, depuis deux ou
trois ans en France, que ces sortes de
volte-faces n'ont pas lieu de m'étonner
beaucoup.

— Il y a mieux encore, ajouta le
Préfet ; ces mêmes personnages afin de
se disculper aux yeux des purs, leurs
amis, ont inventé un subterfuge, une
équivoque, un échappatoire qui ont
leurs côtés jésuitiques. Jugez-en. Ils
disent carrément qu'ils ne sont pas
décorés par l'Empire, mais sous l'Empire. Est-ce assez bien trouvé, qu'en
dites-vous ?

En effet, répondîmes-nous, Sauvé et
moi.

L'huissier de service qui s'était,
pendant un moment, éloigné de nous,
revint quelques instants après pour
annoncer au Préfet qu'une délégation
du Conseil Municipal venait d'arriver
et qu'elle demandait à être immédiatement introduite auprès du haut fonctionnaire,

M. Levert, dont la bonté et l'urba-
nité ne font aucun doute pour les personnes qui ont coutume d'avoir des
relations avec lui, non seulement donna
ordre d'introduire immédiatement la
délégation, mais encore il se rendit
spontanément et en personne au-devant
de la délégation dans la salle d'attente.

Sauvé et moi nous suivîmes le

Cette Commission municipale se composait des citoyens :

Labadié Alexandre, négociant en draps ;

Guibert Jules, avocat ;

Amat Léopold, avocat ;

Paul Pierre, portefaix ;

Naquet Gustave, journaliste ;

Delpech Louis, journaliste;

Rouvier Maurice, teneur de livres ;

Plus deux ou trois autres individus dont les noms et les faciès m'étaient tout à fait inconnus.

En apercevant la foule qui avait suivi la délégation et qui s'était arrêtée et entassée sur les derniers degrès de l'escalier qui conduit à la salle des huissiers de service, je compris encore mieux combien le Préfet s'était trop pressé de quitter son cabinet.

Il est évident que dans certaines circonstances de la vie, l'homme le plus clairvoyant et le mieux avisé ne peut penser à tout ni prévoir par avance toutes les conséquences fâcheuses qui doivent arriver. Ce sont là des objurgations que l'on peut aisément adresser aux esprits les plus calmes, les plus froids et même à ceux qui sont les plus habitués aux rudes évènements.

Mais, ici, tout était imprévu et inattendu.

Le citoyen Labadié, appuyé contre une des consoles de l'appartement, tournait le dos à la place de la Préfecture. Les membres de la délégation s'étaient placés à droite et à gauche de leur président.

M. Levert faisait face au citoyen Labadié.

Sauvé et moi nous nous étions mis de chaque côté, mais un peu en arrière, de notre éminent ami.

Je jettai un coup d'œil rapide du côté de l'escalier.

La foule, bien que contenue, était frémissante. Elle était armée en très grande partie.

Au milieu du tohubohu, je pus facilement distinguer les nommés Bastelica, corse d'origine, employé à la Compagnie Valéry ; Chachuat, dit *Lou Guéchou*, ouvrier serrurier ; Joseph Maviel, de la Garde civique ; Doria fils, portefaix ; Brun, maçon ; Fournier, emballeur ; Joseph-Joseph, dit Baptistin, de Brignoles, garçon coiffeur ; Henri Beuf, corse d'origine, employé de commerce ; et, à la tête de cette troupe d'élite, aux costumes les plus étranges et les plus fantasques, le citoyen-avocat Brutus-Paul-Emile Bouchet, dans une de ces tenues républicaines si fidèlement représentées par le crayon humoristique de Raffet dans ses belles gravures de la première République. Le plus saillant dans ce grotesque, étrange et carnavalesque accoutrement du citoyen-avocat était un long sabre de

dépassait sa tête de plusieurs centimè-
tres. (1)

Mais, passons, le moment n'est, certes, pas à l'hilarité et nous aurons tout
à l'heure, d'autres chats plus importants
à flageller.

Dès que le calme fut à peu près réta-
bli dans la salle d'attente, le citoyen
Alexandre Labadié prit ainsi la parole :

— Monsieur le Préfet, mes collègues
et moi sommes chargés de vous demander votre démission.

— Soyez digne et ferme, dis-je rapidement au Préfet, à voix basse, en lui
serrant la main.

— Je suis prêt, Messieurs, à déposer
mes pouvoirs entre vos mains, en tant
que le Ministre de l'Intérieur m'aura
déchargé de ma responsabilité. J'ai
correspondu jusqu'à présent avec lui ;
et, pour rester dans la légalité, je vais
lui envoyer devant vous un télégramme ;
et, dès que sa réponse, qui ne peut se
faire attendre, me sera parvenue,
croyez-le bien, Messieurs, je ne vous
ferai pas l'honneur de servir une
minute de plus votre gouvernement.

Cette dernière phrase fut prononcée

_____

(1) Si cette arme blanche est encore en la
possession du citoyen Brutus Bouchet, je
l'engage à la pendre dans quelque musée
d'artillerie comme pièce historique — faisant
pendant au fameux sabre de Murat.

par le Préfet d'une façon tout à fait
crâne et extrêmement fière ; et elle fut
suivie d'un geste à la fois digne, ferme
et surtout énergique.

J'étais, je l'avoue, on ne peut plus
satisfait de la noble attitude que gardait
le Préfet de l'Empire devant ces
détrousseurs du pouvoir légalement
établi.

— Pas de télégramme, objecta le
citoyen Labadié. C'est à l'instant même
que nous voulons votre démission. Le
peuple est là, en armes, qui attend.
Nous ne pouvons le contenir plus
longtemps. Si vous tardez, nous ne
répondons plus des malheurs qui
pourraient en être la conséquence.

Me penchant à l'oreille du camarade
Levert : Après tout, lui dis-je, ce n'est
qu'un quart d'heure de plus ou de
moins d'un pouvoir éphémère. Lâchez-
moi tout cela.

Le Préfet se retourna vers moi, me
prit la main qu'il serra affectueusement
dans la sienne ; puis s'adressant à la
délégation :

— Messieurs, je remets entre vos
mains mes pouvoirs, et redeviens, dès
ce moment, simple citoyen.

C'est alors que Sauvé et moi entraî-
nâmes le Préfet dans la direction de son
cabinet.

Dès que la foule vit M. Levert se
retirer, elle brisa tous les obstacles qui
barraient son passage. Elle se rua dans

la salle d'attente et vint couper la
retraite à celui qui, un instant auparavant, était encore le *primus inter
omnes* du département.

Sauvé et moi précédions le Préfet
en lui tenant les mains. Nous pûmes,
tous deux, pénétrer dans la galerie des
Bustes; mais, M. Levert se vit barrer
le chemin par deux hommes à faces
patibulaires et armés de fusils de
chasse, probablement volés pendant la
nuit chez Bergeron, l'armurier de la
place du Grand-Théâtre.

Pendant que le Préfet luttait corps
à corps avec ces deux ignobles gredins,
Sauvé et moi, saisîmes M. Levert par
les revers de sa redingote et fîmes tous
nos efforts pour l'arracher des étreintes
de ces deux fieffés coquins.

En ce moment, plusieurs individus,
— cinq ou six, si j'ai bonne mémoire —
munis de fusils et de carabines, nous
mirent tous les trois en joue. Je regar-
dai fixement celui qui se trouvait le
plus près de moi et qui visait M. Levert.
Je lui criai d'une voix impérieuse :

— Ne tirez pas, au nom de Dieu !
Respectez le Préfet.

Les armes s'abattirent. (1)

Néanmoins, à force de pousser, de
repousser, de bousculer et de refouler

---

(1) Le récit de cette scène se trouve dans
le *Petit Marseillais* du 8 Avril 1899, signé
Th. Lormond,

les deux forcenés, acharnés contre M. Levert, Sauvé et moi parvîmmes à attirer vers nous notre vaillant ami et à le faire pénétrer, enfin, dans cette fameuse galerie des Bustes.

Mais, là, nouvelle et plus horrible lutte, d'autant plus horrible qu'elle fut sanglante.

Cette pièce est peu spacieuse. C'est un vrai traquenard extrêmement favorable en temps d'émeute, d'envahissement et de révolution. Messieurs les républicains du 4 Septembre en ont sû profiter ; et, ils en ont tiré, ce jour là, un merveilleux parti, comme on va le voir par les détails ci après.

La foule envahit et remplit bien vite cet étroit boyau que je surnommais le nouveau Passage des Thermopyles de Marseille.

Un grand cri se fit entendre par dessus les clameurs de la foule ivre.

Je me retournai promptement du côté d'où partait cette exclamation, semblable à celle que pousse un homme prêt à expirer sous le fer d'un assassin.

C'était M. Gaillardon qui venait d'être atteint à la tempe d'un violent coup de crosse de fusil.

Le sang ruissela à flots de la blessure béante. Il inonda la mâle et énergique figure du Commissaire central qui s'affaissa sur lui-même. Il fut promptement saisi ; et, en un clin d'œil, malgré la foule compacte qui nous environnait, le malheureux fonctionnaire fut emporté hors de la galerie.

Cette scène de carnage amena dans l'esprit de ces forcenés une exaltation facile à comprendre.

Le vacarme atteignit alors le paroxisme. Des vociférations de bêtes fauves, un tumulte indescriptible, un brouhaha féroce, un tohubohu inénarrable éclatèrent de toutes parts au passage du corps de M. Gaillardon. On se poussait, on se heurtait, en un mot on se montait les uns pardessus les autres. C'était comme une vague rencontrant un écueil. Rendue plus furieuse par l'obstacle, elle clapote, mugit, se soulève, se précipite et finit par le vaincre.

Que faisait, en ce moment, le président de la délégation municipale, le fameux citoyen Alexandre Labadié et le non moins célèbre républicain Jules — encore un Jules — Guibert, cet avocat sans cause du barreau marseillais ?

Oh, pas grand chose, presque rien !

Le Préfet courait un véritable danger, d'autant plus sérieux qu'il se trouvait au milieu de cette tourbe avinée et excitée par la vue du sang qui ruisselait de la blessure béante du Commissaire central.

M. Levert était certainement, en ce moment critique, plus engagé, plus entouré, plus pressé, plus serré qu'il ne l'avait été dans le salon d'attente.

Le camarade Sauvé et moi nous étions, alors, séparés du Préfet par la présence de quelques individus qui vinrent brusquement s'interposer entre nous et l'énergique fonctionnaire de l'Empire.

Un ancien déporté de 1852, un vrai revenant de Cayenne, un pur celui-là, était armé d'un fusil. Il se montrait le plus acharné contre la personne du Préfet.

Ce déporté, savetier de son état, se nommait Joseph Maviel.

Profitant d'un moment où il put avoir ses mouvements libres, et prompt comme l'éclair, le retour de Cayenne leva son fusil à une certaine hauteur et asséna avec la crosse de son arme un violent coup au Préfet.

La crosse n'atteignit, heureusement, que le col de M. Levert, Joseph Maviel étant d'une taille moins élevée que celle du Préfet.

C'est à ce moment que le citoyen Gustave Naquet fit entendre ces paroles :

— Pas de meurtre, citoyens !

Et il s'approcha du Préfet pour le protéger.

La voix du rédacteur en chef du journal le *Peuple* se perdit au milieu des cris, des vociférations et des imprécations de toutes sortes proférées

— Citoyen Naquet, retire-toi. Tu n'es plus rien ici. Cet homme nous appartient. Il faut qu'il soit notre prisonnier, lui vociféra l'ex-déporté de 1852, gracié par l'Empereur.

Et, par un mouvement aussi prompt que brusque, Maviel repoussa le citoyen Naquet.

M. Levert, de plus en plus cerné, finit, cependant, par faire une trouée au milieu de cette populace exaltée. Jeune, vigoureux, d'une stature élevée, doué d'une grande énergie et d'une force physique peu commune, aidé surtout par ses deux amis Sauvé et moi, qui avions pu nous rapprocher de lui, parvint à se dégager des étreintes de Maviel et put pénétrer dans son cabinet.

Je le suivis.

Le Préfet fut, dès lors, hors de tout danger.

Notre vaillant ami Tiburce Sauvé ne put nous rejoindre à cause de la foule énorme qui s'interposa entre nous.

C'est alors que je pris les devants en engageant le camarade Levert à me suivre.

C'est ce qu'il fit.

J'arrivai, en courant, dans l'appartement privé de Mme Levert, après avoir traversé trois ou quatre immenses salons donnant sur le jardin.

Mme Levert avait auprès d'elle, en ce moment, Mmes Tiburce Sauvé et

Sa fille Fatma était, depuis quatre jours, clouée dans son lit à la suite d'une fièvre violente.

Madeleine, la plus jeune, jouait avec Christian, fils de mon vaillant et excellent camarade Sauvé.

Je saluai ces dames ; et, m'adressant vivement à Mme Elise :

— Au nom de l'amitié et de l'intérêt que je vous porte, au nom de tout ce qui vous est cher en ce monde, partez, Madame ; quittez cette demeure qui devient, pour vous et les vôtres, inhospitalière. Écoutez, une fois au moins, la voix de celui qui vous parle et qui donnerait mille fois sa vie pour vous tous. Au nom du Ciel, Mme Levert partez.

— Je ne quitterai la Préfecture, M. Boze, que lorsque mon mari me l'aura ordonné.

— Eh bien ! Madame, par ma voix votre mari vous ordonne de partir.

— Court-il quelque danger ?

— Plus maintenant, il est sauvé.

— Vous me l'assurez ?

— Voyez-le vous-même, Madame. Il est là, il vient, dis-je à cette épouse, à cette mère courageuse en lui désignant son mari qui s'avançait vers nous en fermant à tour de clé toutes les portes de ces interminables appartements.

Le camarade Levert entra dans la chambre de sa dame. Il était pâle mais ferme.

— Elise, emmènes les enfants. Pars. Je te suis.

— Enfin ! dis-je en moi-même.

C'est à ce moment suprême que l'Archiviste en chef du département, dont le logement est dans la préfecture même, entra chez le Préfet. Il était accompagné de son père.

— Madame, dit l'Archiviste, je viens vous offrir l'hospitalité chez moi, c'est un asile sûr.

Le logement de l'Archiviste se trouve situé au *summum* des étages de la Préfecture, dont une partie donne sur la rue Sylvabelle et l'autre dans la rue Montaux.

A cette offre, toute spontanée, Madame Levert, se tournant vers son mari, sembla le consulter du regard.

Voyant son hésitation, Mme Mougins, mit sa maison de la rue Montgrand, 58, à la disposition de la famille du Préfet.

Cette demeure était un peu loin de la Préfecture. Et, d'ailleurs, comment sortir en plein jour, de cette grande habitation sans éveiller les soupçons de la foule ? Et, cette enfant malade, qui n'était pas même habillée, pouvait-on, sans risque, lui faire traverser tout un quartier, alors que la populace, animée des plus mauvaises intentions à l'égard du Préfet, cernait toutes les issues de la Préfecture ?

s'envolait à tire-d'ailes, *fugit irreparabile tempus*. Il devenait tout au moins urgent de prendre une prompte décision.

L'offre de l'Archiviste finit par être acceptée.

Un domestique eût ordre d'emporter dans ses bras la jeune malade qu'on eût la précaution d'envelopper dans une couverture de laine.

Suivie de ses amies Mmes Sauvé et Mougins, de Madeleine, de Christian Sauvé, de l'Archiviste et de son père, Madame Levert gagna l'escalier qui conduit aux Archives.

Le Préfet et moi nous fermions la marche.

Arrivés au faîte de l'immense édifice, le camarade Levert me dit :

— Mon cher Boze, restez ici et attendez Sauvé. Dès qu'il paraîtra, vous viendrez tous deux nous rejoindre là où vous savez.

— C'est bien, j'attendrai.

Et le Préfet ferma sur lui la porte de l'escalier de service, me tendit la main et s'éloigna.

Je le perdis bientôt de vue au détour de l'interminable corridor parallèle à la rue de Rome et aboutissant à la place de la préfecture.

Je restai seul.

J'étais triste et profondément affligé.

On l'aurait été à moins après toutes

venais d'assister. Je pensai à cette
famille Levert, si bonne, si affable et,
surtout, si charitable, abandonnée par
tous ces flatteurs qui, naguère encore,
remplissaient ses salons de leurs pré-
sences et de leurs pompeuses congra-
tulations. Je pensai à cette famille si
heureuse par tous les dons de la Nature
et de la Fortune, si haut placée dans la
hiérarchie administrative comme dans
l'estime de ses véritables amis. Je voyai
maintenant s'enfuir cet homme de
cœur, ainsi que sa courageuse femme,
comme si tous deux s'étaient rendus
coupables du plus grand des forfaits.

Pendant que je me laissais aller à ces
tristes et amères réflexions, des cris
tumultueux, confus, désordonnés, mon-
tèrent jusqu'à moi et attirèrent mon
attention. Je me mis à regarder à tra-
vers les vitres d'une des nombreuses
fenêtres qui donnent dans la cour d'honneur, naguère si brillante, maintenant
si souillée par les intrus qui l'avaient
envahie.

Des scènes horribles s'y passaient.

Il y avait, là, des malfaiteurs de la
pire espèce, porteurs de toutes sortes
d'armes. Ces misérables battaient,
maltraitaient les malheureux agents de
police qui, par la fuite, cherchaient à
se soustraire aux brutalités de ces lâches
coquins.

J'aperçus plusieurs de ces agents que

Le sang ruisselait de leurs plaies.

Parmi ces agents, j'en reconnus deux : l'un était Roux, inspecteur ; l'autre Turchini, Corse d'origine.

Cette foule de chenapans, devenus des assassins, s'acharnait contre ces malheureux serviteurs qui avaient le tort à ses yeux, d'avoir fait leur devoir et exécuté les ordres de leurs supérieurs.

Les coups pleuvaient drus comme grêle sur les corps de ces inoffensifs agents.

Roux implorait sa grâce auprès de ses bourreaux qu'il cherchait à apitoyer en leur parlant de sa femme et de ses enfants.

Ni ses larmes, ni ses supplications, ne parvinrent à attendrir le cœur de ces bandits.

Roux, condamné d'avance à mort fut assommé sur place.

Les lâches ! ! !

Et ce crime s'est accompli au nom de la République, de cette République qui prend pour devise cette trilogie menteuse de Liberté ! Égalité ! ! Fraternité ! ! !

Et voilà ces fameux républicains qui font sonner bien haut qu'ils sont les plus ardents amis de l'humanité.

Honte donc sur ces assassins qui ont versé brutalement le sang d'un innocent. Et, qu'un stigmate indélébile marque à tout jamais leurs fronts d'une

Pendant que cette scène de la plus ignoble barbarie s'accomplissait dans la cour de la Préfecture, un autre acte, bien plus révoltant encore que tout ce que je viens de raconter, se passait dans un des angles de cette même cour.

J'ai dit, plus loin, que le commissaire central, M. Gaillardon, après avoir été atteint à la tempe d'un coup de crosse de fusil, avait été emporté hors de la galerie des Bustes. Ses meurtriers, après l'avoir descendu dans cette cour, l'attachèrent, presque mourant, sur une chaise avec des courroies, la figure faisant face aux rayons ardents du soleil.

C'était, comme on le voit, le raffinement de la plus sauvage cruauté poussé à sa plus extrême limite.

Cette vue me fit mal.

Je me retirai consterné de la fenêtre.

Pendant plus de deux heures, m'a-t-on assuré dans l'après-midi, le malheureux Gaillardon fut exposé aux insultes, aux lâchetés, aux tortures morales et physiques qu'exerça, sur lui, cette bande de forcenés.

Le ruban de la Légion d'Honneur, qu'il portait avec orgueil à sa boutonnière, lui fut arraché ; et, chaque bandit qui passait auprès de lui, se faisait un plaisir de cracher au visage de ce martyr du devoir et de l'obéis-

duré deux heures, deux siècles pour
M. Gaillardon. Et cet homme stoïque
a supporté toutes ces infamies avec le
calme et la résignation qu'a montré
Celui qui a souffert les mêmes suppli-
ces lorsqu'il monta sur le Golgotha.

Enfin, vers une heure de l'après-
midi, M. Gaillardon vit cesser ses
tortures. Il fut délivré de ses liens, et
ses bourreaux le conduisirent à la
prison de Saint-Pierre.

Le lendemain, on apprit qu'en entrant dans sa cellule, le gardien de la
prison avait trouvé le malheureux
Commissaire central pendu à une espagnolette de sa croisée.

Mensonge et fausseté !!!

Gaillardon avait été assassiné par les
bandits du 4 Septembre; et, pour
faire croire à un suicide, ils l'avaient
étranglé, puis pendu.

Et, la preuve qu'il n'y avait pas
suicide, mais crime, c'est que pas une
enquête ne se fit sur cette mort, pas
plus qu'il n'y eût d'autopsie du cada-
vre. Le corps de l'infortuné Gaillardon fut livré tel quel aux fossoyeurs;
puis, le silence se fit autour de la
tombe de ce courageux martyr de la
discipline et du devoir. Cette mort
mystérieuse du Commissaire central
ne rappelle-t-elle pas la fin tragique
du dernier Prince de Condé que l'on
trouva pendu à l'espagnolette d'une

L'histoire, par des preuves irréfragables, a classé, depuis longtemps, ce suicide contesté au nombre des crimes politiques.

Telle fut aussi la fin de Gaillardon.

On m'apprit également que, pendant qu'avaient lieu ces scènes sauvages dans la cour préfectorale, des femmes, qui n'avaient de leur sexe que le nom, tentèrent d'assassiner le brigadier Courdil, à la caserne des sergents de ville située place du Calvaire, dans l'ancien Palais de Justice.

Il y avait au moins trente minutes que je montais une faction que je commençais à croire bien inutile. Ma position, certes, ainsi qu'on doit le penser, n'avait rien de bien attrayant.

En haut, dans cet immense corridor des combles, régnait le silence du tombeau ; en bas, dans cette vaste cour, les vociférations des uns, les cris et les plaintes des autres m'arrivaient comme le mugissement de la tempête.

Et Sauvé ne venait pas !

Que faire cependant ?

Il m'était impossible de désobéir aux ordres du Préfet. Je ne voulais pas, non plus, abandonner mon brave camarade Sauvé. Néanmoins, il devenait impossible que je restasse indéfiniment cloué à cette place.

Je réfléchis un instant.

Si Sauvé, me disais-je, est resté dans

heureux que nous il n'a pu échapper aux étreintes de ces bandits. S'il ne nous a pas suivis c'est que, fort probablement, il a été cerné et n'a pu se dégager. Si, au contraire, il a réussi à s'enfuir, peut-il savoir quelle direction nous avons pris? Et, même, la connaîtrait-il, n'aurait-il pas eu le temps de venir nous rejoindre?

Telles étaient mes réflexions qui me paraissaient aussi justes que logiques.

Je pris la décision d'abandonner la place, dans la pensée que la famille Levert pouvait avoir besoin de mes services. Je parcourus résolument le corridor qui conduit aux Archives; mais, comme dit le proverbe:

« L'homme propose et Dieu dispose. »

En effet, ce dicton populaire avait, en ce moment, sa pleine raison d'être, comme on va le voir.

En atteignant le fond de cet interminable corridor des combles, juste en face la porte d'entrée des appartements de l'Archiviste, j'aperçois deux ouvriers en blouses grises et en casquettes au haut d'une échelle double. L'un et l'autre étaient occupés à mettre des inscriptions sur la muraille de droite.

— Allons, me dis-je, je joue de malheur.

La présence de ces deux peintres renverse tous mes projets. Sont-ils là pendant, avant ou après le passage de

vite une décision et Dieu fasse qu'elle soit la meilleure. La raison me conseille de ne pas entrer chez l'Archiviste et de passer devant ces ouvriers en jouant la plus complète indifférence.

Et je continuai à marcher.

Cependant, arrivé à quelques pas en avant de l'échaffaudage, je m'arrête un moment pour sortir de la poche de ma redingote mon étui à cigares. Je pris un londrès que j'allumai ; puis, passant droit et ferme sur mes jambes auprès des deux ouvriers, ceux-ci mirent poliment les mains à leurs casquettes et me saluèrent.

Je leur rendis la politesse d'une façon toute bienveillante en me découvrant.

Ces gens-là, me disais-je, ne doivent pas pactiser avec la canaille d'en-bas.

Néanmoins, je ne dois plus penser à retourner sur mes pas pour entrer chez l'Archiviste.

Toutefois, cette pensée d'abandonner ainsi mes amis me serra douloureusement le cœur. Dès le début de ces scènes lamentables j'avais fait preuve de calme et même de quelque courage. Il me fallut donc conserver tout mon sang-froid jusqu'au bout.

J'arrivai ainsi au premier étage, là-même où sont les bureaux du Secrétaire Général, des Chefs de Division et des employés de la Préfecture.

Le passage me fut intercepté par une

foule compacte qui montait les escaliers avec une précipitation vertigineuse. Des femmes, en grand nombre, se trouvaient mêlées à cette tourbe de bandits armés.

Un démocrate, probablement le chef de la bande, porteur d'un fusil de chasse à deux coups, tout neuf, épaula son arme et me mettant en joue :

— Halte-là ! D'où venez-vous ? me hurla le bandit.

Je fixai fièrement ce misérable à face patibulaire, en sortant mon cigare de la bouche. J'allai lui répondre une chose désagréable ; mais, comme il releva presqu'aussitôt son arme pour la placer sur son épaule droite, je chassai bien loin de mes lèvres le fameux mot de Cambronne prêt à en sortir.

— D'en haut !

— Qu'y a-t-il là-haut ?

— Des chambres de domestiques.

— Et ici ? me demanda-t-il en me désignant de l'index le corridor qui mène aux bureaux dont je viens de parler.

— Ce sont les bureaux.

— Y a-t-il des armes là-dedans ?

— Peut-être bien.

A peine je venais de laisser échapper de ma bouche ces trois mots que la tourbe immonde se rua dans le passage avec une effrayante impétuosité.

Je profitai immédiatement de l'es-
pace, devenu libre, pour descendre

l'escalier et arriver, sans encombre,
au rez-de-chaussée qui donne accès
dans la rue Montaux.

En mettant pieds dans le grand vestibule, je croyais avoir définitivement
vaincu tous les obstacles et que ma
sortie de la Préfecture ne souffrirait
aucune difficulté.

Hélas ! j'avais compté sans mon hôte,
c'est-à-dire sans deux vauriens de la
pire espèce, armés chacun d'un revolver
à quatre coups. Ces deux gredins gar-
daient la grande porte de sortie dont
ils avaient eu soin de fermer les deux
battants pour ne laisser que la petite
porte ouverte.

Un troisième se tenait en face sur la
première marche du trottoir.

J'arrive près des deux bandits qui
me barrent la sortie.

Une voix de stentor, à l'accent
italien, m'atteint en pleine poitrine en
me hurlant le fameux cri : On ne passe
pas ! devenu célèbre dans les légendes
napoléoniennes, mais on ne peut plus
stupides dans la bouche de ces factionnaires improvisés au moment des
émeutes.

Et, en même temps, par un mouvement lent et régulier, les deux revolvers s'élèvent à la hauteur de mes
yeux.

Je réponds à mon interlocuteur par
un sourire que je cherche à rendre le

— Et, pourquoi donc, citoyen, ne passerai-je pas?

— Parce que nous avons ordre, me dit un des deux factionnaires, de laisser entrer, mais personne n'a le droit de sortir sans une autorisation de notre chef.

— Vous m'avouerez, citoyen, que cet ordre est assez bizarre. Et, s'il prenait fantaisie aux trois cents mille individus dont se compose la commune de Marseille de pénétrer ici, vous croyez, citoyen, qu'ils pourraient y rester longtemps entassés les uns sur les autres?

— Trêve de plaisanteries, me répond la grosse voix qui appartenait à un homme d'une trentaine d'années.

Ma situation devenait donc extrêmement critique; car mes deux vauriens tenaient toujours le canon de leurs revolvers braqués à la hauteur de mon front.

Certes, la mort n'avait nullement lieu de m'effrayer. Je l'avais vue de trop près, depuis le matin, pour éprouver la moindre crainte. En venant, dès la veille, me mettre à la disposition de mon camarade, de mon ami M. Levert, j'avais fait d'avance abnégation de ma personne et le sacrifice de ma vie; mais, franchement, je trouvai qu'il était on ne peut plus stupide de faire naufrage à l'entrée du port.

barrait le passage, laissez-moi sortir.
Je suis un bon citoyen.

— Si vous êtes aussi bon citoyen
que vous le dîtes, prouvez le en criant :
Vive la République !

— *Vive la République !* dis-je,
d'une voix étranglée.

Les deux revolvers s'abaissèrent
comme par enchantement et deux
voix me répondirent avec une joie
féroce :

— *Bono,* citoyen, *bono.*

C'étaient deux jeunes vauriens vo-
mis par l'Italie. Ils devaient l'un et
l'autre avoir pour patrie la Calabre,
pour patron Fra Diavolo et pour idole
Guiseppe Garibaldi.

Ah ça ! me faisant ce monologue rapide, que viennent donc faire en France
ces mangeurs de macaroni. Chaque
fois que notre malheureux pays est
livré aux horreurs d'une révolution on
est toujours sûr et certain de rencon-
trer sur son passage tous ces avaleurs
de polenta, de ravioli et de brouffettini.

Et, en effet, qu'on fouille tant soit
peu dans nos annales révolutionnaires,
on y découvrira, à coup sûr, moins de
Marseillais que de ces fils de Romulus
et de Rémus aussi pillards, aussi vo-
leurs et aussi assassins que leurs an-
cêtres de 750 avant l'ère chrétienne.

Le citoyen Stentor avança alors une
de ses mains vers moi, me saisit le bras

— *Ora, potette andarvene.*

— C'est heureux, lui répondis-je, en riant d'un rire forcé.

Dès que j'eus mis les pieds sur le trottoir de la rue Montaux :

— Ta République, animal, tu peux te l'appliquer où tu voudras ; pour moi elle ne sera jamais qu'au fond de ma culotte.

Je n'avais pas fait deux pas dans la rue que j'aperçus devant moi mon vaillant camarade Sauvé.

La joie de retrouver sain et sauf ce courageux ami fut d'autant plus grande qu'elle fut partagée.

Nous tombâmes dans les bras l'un de l'autre.

On conçoit de pareils moments ; mais, dans la crainte de les déflorer, on ne doit pas chercher à les décrire.

— Où sont-ils ? me demanda Sauvé.

— Hors de tout danger, du moins pour le moment.

— Mais encore ?

— Chez l'Archiviste.

— Ma femme et Christian y sont-ils également ?

— Cela va sans dire ; mais, apprenez-moi donc, mon cher Tiburce, comment vous avez pu sortir indemne du milieu de toute cette canaille. D'ordre du Préfet, je vous ai attendu une bonne demi-heure dans les combles d'où je guettais votre arrivée.

par miracle. Entré avec vous dans le cabinet de travail du camarade Levert, je me suis vu débordé et séparé de vous. Cependant, après des efforts inouis, je suis parvenu à gagner la galerie des fêtes.

— Et après ?

— Après ? Les deux mains dans les poches de mon pantalon, en véritable flâneur, je me suis mis à regarder les salons, tout comme aurait pu le faire un visiteur curieux entrant pour la première fois dans cette splendide demeure.

Un individu, vêtu à la républicaine et armé jusqu'aux dents, me demanda pourquoi j'examinais ainsi les murs et les plafonds.

— Parbleu, lui répondis-je, je fais un peu comme tout le monde. Je suis très curieux de ma nature et je regarde. Savez-vous, citoyen, que ces salons sont fort beaux ?

— Vous trouvez ?

— Certes !

— Oui, citoyen, ils étaient trop beaux pour ces gueux de bonapartistes, ces bougres d'aristos. Le peuple souverain va, enfin, pouvoir en jouir à son tour.

La foule, continua Sauvé, qui se ruait par toutes les issues, me sépara de mon interlocuteur ; et, certes, je vous garantis, mon cher Boze, qu'il me tardait d'être débarrassé de ce citoyen

aussi crasseux qu'importun. Vous sen-
tez bien que je n'étais pas très aise de
prolonger plus longtemps une conversation qui tournait aux invectives.
J'arrive sur ces entrefaites dans les
appartements privés de la famille
Levert. Ils étaient en plein désordre.

—. En partant nous les avions quittés
ainsi, dis-je à Sauvé.

— J'aperçois mon paletot et ma canne
déposés par moi, le matin, sur le lit du
Préfet. Je n'ai pas, comme vous le
pensez bien, cherché à les sauver du
naufrage.

Un homme venait de s'emparer d'une
fort belle pipe turque, cadeau qu'un
ami du Préfet lui avait apporté du
Levant. Après l'avoir bourrée, il se mit
à fumer comme s'il avait eu un simple
brûle gueule entre ses lèvres.

Des vauriens ont aperçu un beau
coffret en bois de rose, dans lequel,
vous le savez, le Préfet mettait ses
meilleurs londrès qu'il aimait à offrir
aux amis qui venaient le voir. En un
clin-d'œil la boîte fut défoncée, vidée
et jetée dans le jardin. Les cigares
trouvèrent vite des propriétaires nouveaux ; et, avec un sans gêne et un
sans façon étonnants, ces estimables
citoyens de la troisième République se
sont carrément allongés sur des divans,
des fauteuils afin de mieux savourer,
en véritables sybarites, les puros de
M. Levert.

Pendant ce même temps, des femmes se sont emparées d'une robe de chambre rouge appartenant à Mme Levert, se sont précipitées sur l'étoffe à la couleur écarlate, l'ont mise en pièce et en ont fait une sorte de drapeau qu'elles ont attaché au bout de ma canne que tenait en mains un individu que je soupçonne fort être un italien.

Sur ces entrefaites M. Labadié est entré dans la chambre et a pris sous sa protection tout ce qui s'y trouvait. Et, Dieu sait ce qu'il y avait là d'objets précieux accumulés depuis trois ans, époque à laquelle la famille Levert vint prendre possession de la Préfecture.

— Le cœur plein de dégoût, continua Sauvé, je me suis éloigné de ces appartements profanés et ai gagné la grande cour par une porte de service.

— Et, dans toutes ces pérégrinations, demandai-je à Sauvé, n'avez-vous pas craint d'être reconnu.

— Si fait. J'ai été aperçu par Bouchet qui, en sa qualité d'avocat, me connaissait bien ; mais, il n'a pas soufflé mot.

— Voilà, dis-je à Tiburce, une discrétion qui réhabilite à mes yeux ce jeune sans-culotte. Il a agi là en homme de sens et de tact. C'est peut-être la meilleure action de sa vie. Et, dans cette cour, que vous avez traversée dans toute sa longueur, n'avez-vous pas été témoin des sévices commis sur de malheureux agents et sur Gaillardon ?

— Ne m'en parlez pas, mon cher Boze, c'était triste et horrible tout à la fois. Pauvres gens ! Quand je pense à ce que j'ai vu et entendu, il faudrait avoir l'âme chevillée et doublée de bronze pour ne pas se sentir ému... Parmi cette multitude, allant, venant, courant en tous sens et vociférant comme des bêtes fauves dans cette vaste cour, je finis par gagner le corridor qui conduit au vestibule de la rue Montaux, ainsi que vous, j'ai été arrêté à la porte de sortie ; ainsi que vous, j'ai subi un interrogatoire ; ainsi que vous, j'ai parlementé ; et, enfin, comme vous, je me suis vu contraint et forcé de crier : *Vive la République !* Et, Dieu sait si j'ai poussé ce cri dans toute la joie de mon âme.

— Je vous crois sans peine, mon cher Sauvé. Enfin, nous sommes libres et sains et saufs. Il nous faut maintenant aviser aux moyens de faire sortir nos amis, Mme Sauvé et Christian de cette souricière.

— Oui, c'est à quoi je réfléchissais avant de vous avoir aperçu.

A peine Sauvé venait de finir sa phrase, qu'une foule, que je puis facilement évaluer à un millier d'individus, parmi lesquels se trouvaient beaucoup de femmes, se rua de la place de la Préfecture dans la rue Montaux. Elle

vociférait des cris épouvantables et
discordants. Une panique effroyable
s'empara des personnes qui encombraient la rue et les deux trottoirs de la
rue Montaux. Une bousculade violente
se produisit et je perdis tout à fait de
vue mon vaillant camarade Sauvé qu'il
me fut impossible de retrouver malgré
toutes mes recherches. Désolé et déses-
péré, je prends la direction de la rue
Saint-Ferréol ; et, arrivé devant le
Café Bodoul, je rencontre Charles
Camô, le fils du brave colonel d'Etat-
Major, qui m'apprend que le sous-
intendant Brissy escorté par une vingtaine d'individus, dont la plus part
avaient été condamnés par le Conseil
de Guerre pour l'affaire du 8 Août
dernier à l'Hôtel-de-Ville, s'était rendu
successivement, il y a une heure environ de cela, chez le général d'Aurelles
et chez le colonel Camô, leur notifiant
un décret du nouveau Préfet des Bouches-du-Rhône, le citoyen Alexandre
Labadié, qui destituait purement et
simplement ces deux officiers supérieurs
de leurs commandements respectifs et
nommait en leurs lieux et places, le
sous-intendant Brissy, avec les pouvoirs les plus étendus.

La place de Rome, ainsi que ses
abords, était alors envahie par une
foule des plus agitée.

Le colonel Camô, momentanément
absent, rentra peu à près à l'Etat-

Voyant le poste cerné par les civiques, nouvelle garde formée depuis le matin et composée d'hommes à faces patibulaires, le Colonel demanda au chef de l'escorte, le citoyen Paul Gavard, teinturier de profession, si cet appareil et ce mouvement étaient motivés par l'arrestation de quelque soldat coupable de mutinerie.

— Entrez, répondit Gavard au colonel Camô, vous trouverez là-dedans quelqu'un qui vous dira de quoi il s'agit.

En pénétrant dans les bureaux de la place, le Colonel se trouva en présence de Brissy qui lui fit lire le décret du nouveau Préfet.

Après avoir pris connaissance du contenu de cette pièce officielle, le Colonel protesta contre l'illégalité d'une telle mesure, attendu que nommé par le Chef de l'Etat, il ne pouvait être destitué que par un décret du Gouvernement et non par un fonctionnaire civil.

Le citoyen Brissy répondit que cette mesure était devenue indispensable en raison des circonstances exceptionnelles dans lesquelles on se trouvait et même par la nécessité de sauvegarder le Colonel contre les violences de l'insurrection.

Séparé de son poste par les civiques et la foule qui barraient la porte, le colonel Camô ne pouvait opposer aucune résistance matérielle ; mais, à peine fut-il libre qu'il courut chez le général d'Aurelles afin de se concerter avec son supérieur.

Le Général annonça au Colonel que lui aussi avait reçu la visite du Sous-Intendant et qu'il venait d'adresser une lettre de protestation au citoyen Préfet Labadié ; mais, il paraît que ce dernier ne fît aucun cas de la missive du Général qui télégraphia alors au Ministre de la Guerre pour lui rendre compte des faits qui venaient de se produire. Fil par fil, le Ministre lui répondit « qu'il le félicitait de sa fermeté et de la dignité de son attitude, qu'il assurait au colonel Camô son estime particulière ; et, il exprimait ses regrets de la mesure qui les avait frappés. »

Le Ministre autorisa le général d'Aurelles à se rendre à Lyon et prescrivit au colonel Camô d'attendre ses ordres à Marseille.

— Depuis cette après-midi, ainsi que vous le voyez, mon cher Boze, le citoyen sous-intendant Brissy est devenu par la grâce de cette stupide révolution et du même coup, Colonel chef d'État-Major de la Place de Marseille et Général de Division, commandant plusieurs départements du Midi de la France.

— Que cela ne vous étonne nullement, mon cher Charles. Les médio-

crités avancent vite, très vite même,
en République.

Je remerciai Camô de ses communi-
cations et pris congé de lui.

Un quart-d'heure après j'étais dans
ma chambre brisé par la fatigue. Je tom-
bai sur mon lit et ne tardai pas à m'endor-
mir profondément pour ne m'éveiller
qu'à cinq heures du matin.

En ouvrant les yeux, ma première
pensée fut pour les familles Levert et
Sauvé.

En quittant mon lit, je m'habillai et
sortis vers les dix heures pour me
rendre chez Sauvé, rue Impériale, n° 9.

Cet ami arrivait chez lui.

Il m'apprit qu'il avait été à la Préfecture dans le but de rentrer en possession de son pardessus. Peine inutile.
Le vêtement avait disparu.

— Bien mieux, me dit Sauvé, hier
au soir Mme Levert me fit part qu'une
somme de sept cents francs appartenant
à une Société de Bienfaisance et dont
elle était la dépositaire, avait été placée
dans un tiroir de la commode de sa
chambre. Malgré mes recherches l'ar-
gent avait disparu.

— Tout cela ne m'étonne nullement.
Et, si cela continue sur ce pied, plus
tard, mon cher Tiburce, nous en ver-
rons bien d'autres. Bref, j'ai été très

contrarié de notre séparation violente hier dans la rue Montaux.

— Moi, tout autant que vous, mon cher Boze. Ne vous apercevant plus parmi ce flot d'envahisseurs, j'ai pris la résolution de monter jusque chez l'Archiviste où j'ai pu, enfin, embrasser les miens et la famille Levert.

— Bref, Mme Sauvé et Christian ont pû, hier au soir, sortir sains et saufs de ce guêpier?

— Oui. Ils sont tous deux en parfaite santé et prennent, j'aime à le croire, un repos bien gagné.

— Et, la famille Levert?

— Alphonse, sa femme et leurs deux filles sont allés, cette nuit, se réfugier chez notre ami le docteur Sauvet, rue Sylvabelle. Ce matin, aidé de quelques amis, Alphonse est monté dans une voiture particulière et a pris la direction de Cassis pour attendre le train qui doit l'emmener à Nice. A l'heure qu'il est, Alphonse doit être hors de tout danger.

— Que Dieu soit loué; mais, quelle journée, mon cher Tiburce, que celle de hier.

— A qui le dites-vous. Nous nous en souviendrons longtemps, mon cher Boze.

Tiburce m'apprit qu'il comptait quitter Marseille le soir même pour se rendre à La Rochelle, son pays natal.

à mon ami et à sa dame qui venait d'entrer, en ce moment, dans l'appartement de son mari.

— Adieu, ou mieux au revoir, mon cher Boze, me dit Sauvé en me serrant dans ses bras. Nous nous rappellerons de ces deux néfastes journées des 4 et 5 Septembre 1870.

— Comment pourrait-il en être autrement, mon cher Tiburce. Vous et moi, nous y avons rempli un trop grand rôle pour que ces dates puissent jamais s'effacer de notre mémoire et de nos cœurs.

Christian entra, me dit bonjour et je l'embrassai.

Je m'éloignai de mes amis, les larmes aux yeux, dans la presque certitude que je ne devais plus les revoir.

Fin d'un Honnête Homme

M. Levert à la Préfecture des Bouches - du - Rhône. Son Décés.

« Le télégraphe nous a appris hier la mort de M. Levert, ancien préfet des Bouches-du-Rhône, ancien député du Pas–de–Calais, qui vient de succomber à l'àge de 74 ans.

« M. Levert était né à Sens, en 1825.

« Nommé Préfet des Bouches-du-Rhône, en remplacement de M. le sénateur de Maupas, par décret du 20 décembre 1866, M. Levert avait été installé, le 23 janvier 1867. C'est lui qui était Préfet à Marseille au moment de la chùte de l'Empire.

« Ce fut le dimanche 4 Septembre que parvint à Marseille la nouvelle du désastre de Sédan. La foule, en quète de dépêches, se porta à la Préfecture, M. Levert, en grand uniforme, entouré de quelques personnages officiels, se tenait sur les degrès de l'escalier double conduisant à ses appartements privés.

« Vers 3 heures, un des chefs de service de la Préfecture lui annonce, d'après le télégraphiste, que la République vient d'être proclamée à Paris. Le Préfet en informe son entourage et envoie le chef de service aviser le général d'Aurelles de Paladine. Celui-ci reçoit la nouvelle sans dire un mot.

« Un ami dévoué de M. Levert, qui l'a connu à Sainte-Barbe, M. Volcy-Boze, le presse de faire partir sa femme et ses filles. Le Préfet refuse en disant que ses craintes sont prématurées et ne se réaliseront pas.

« La journée finit tant bien que mal.

« Le 5 Septembre, on apprend que le géné-

nommé Gouverneur de Paris. Cette nouvelle donne de l'espoir à M. Levert qui croit à l'énergie de son ancien copain.

« Cependant, sur la place de la Préfecture, on vient de blesser d'un coup de feu à la cuisse M. Migeon, commissaire spécial des ports. On annonce l'arrivée d'une Commission municipale, composée des citoyens Labadié, Jules Guibert, Léopold Amat, Paul Pierre, Gustave Naquet, Louis Delpech et Rouvier. M. Labadié, au nom de ses collègues, demande au Préfet sa démission. M. Levert répond qu'il va télégraphier au Ministre.

« — C'est à l'instant même, répondit M. Labadié, que nous voulons votre démission. Le peuple est là en armes, nous ne pouvons pas le contenir plus longtemps.

« Sur quoi M. Levert déclare remettre ses pouvoirs entre les mains de la délégation et redevenir simple citoyen.

« A ce moment, la foule fait irruption dans la salle et coupe la retraite au Préfet. Trois individus mettent en joue M. Levert, MM. Volcy-Boze et Sauvé qui l'assistaient.

« — Ne tirez pas, respectez le Préfet ! cria M. Volcy-Boze.

« Les armes s'abattent et un triple crime est évité.

« — Pas de meurtre, s'écrie M. Gustave Naquet qui s'approche de M. Levert pour le protéger. Le Préfet parvient à faire une trouée dans la foule et pénètre dans son cabinet et dans ses appartements privés. Le soir M. Levert quittait Marseille.

« Nous adressons à la famille Levert nos respectueuses condoléances. »

Th. Lorgnon.

(Extrait du *Petit Marseillais* du 7 Avril 1899)

Le Mot de la Fin

Genève, le 29 Septembre 1870.

MONSIEUR VOLCY-BOZE,
MARSEILLE.

MON CHER AMI,

. . . .

Vous et Tiburce, serez toujours les amis de mon cœur; car, Vous et Lui... et puis... personne.

Tout à vous de cœur,

Signé : ALPHONSE LEVERT.

Certifié conforme de l'extrait de la lettre originale de mon camarade et ami Levert.

Marseille, le 1er Octobre 1870.

VOLCY-BOZE.

www.ingramcontent.com/pod-product-compliance
Lightning Source LLC
Chambersburg PA
CBHW060643100426
42744CB00008B/1738